Ron Manheim

Beim Wort genommen
Joseph Beuys und der Nationalsozialismus

Ron Manheim, geb. 1943 in Amsterdam, studierte Kunstgeschichte und Archäologie an der Universität von Nijmegen, Niederlande. Seine Forschungsschwerpunkte sind u. a. Expressionismus und Kunstpolitik im Nationalsozialismus. Außerdem befasst er sich seit mehr als drei Jahrzehnten mit Werk und Leben von Joseph Beuys. Er war viele Jahre Direktionsmitglied des Museums Schloss Moyland am Niederrhein, wo er ab 1991 das Joseph Beuys Archiv aufbaute. Seit der Pensionierung ist er freischaffender Autor und Ausstellungskurator.

Ron Manheim

Beim Wort genommen

Joseph Beuys und der Nationalsozialismus

Neofelis

Inhalt

für Saartje, Izak, Jac und Simon

Vorwort

Seit etwa 1990 habe ich mich intensiv mit dem materialisierten Werk von Joseph Beuys auseinandergesetzt, und zwar mit uneingeschränkter Bewunderung. Diese ist, wenn auch nicht für das ganze Werk, bis heute geblieben. Sie wurde aber immer stärker von einer ideologiekritischen Grundhaltung wie auch von einer grundsätzlichen Skepsis der missionarischen Haltung des Künstlers gegenüber begleitet.
Eine erste Begegnung mit ideologiekritischen Ansätzen machte ich 1996, als das in der breiten Öffentlichkeit wenig beachtete Buch von Franz Gieseke und Albert Markert mit dem herausfordernden Titel *Flieger, Filz und Vaterland* erschien.[1] Ein direktes Aufgreifen meinerseits der dort breit dargestellten Problematik, nämlich der inneren Haltung von Beuys seiner eigenen Geschichte gegenüber, wurde durch zwei Faktoren ausgebremst. Da war zunächst die extreme Arbeitsbelastung auf verantwortungsvoller Position in einem großen Museum, das erst vor Kurzem eröffnet worden war und gerade auch deswegen einen uneingeschränkt positiven Umgang mit dem Künstler erforderte, hinzu aber kam die kritische Zurückhaltung, welche die besonders suggestive Bebilderung des genannten Buchs damals bei mir hervorrief.
Den Durchbruch zur Beschäftigung mit dem Verhältnis von Joseph Beuys zu seinen Erinnerungen an die Zeit des Nationalsozialismus,

1 Frank Gieseke / Albert Markert: *Flieger, Filz und Vaterland. Eine erweiterte Beuys-Biografie.* Berlin: Elefanten Press 1996.

der zum vorliegenden Buch führte, bildete die Lektüre der ‚Rede über das eigene Land', die mir in der Ausgabe von 1985 in die Hände fiel.[2] Es geschah etwas sehr Überraschendes. Ich kämpfte mich durch die langatmigen und für mein Verständnis immer etwas wirren ideologischen Stellen hindurch und stieß dann auf die Worte, mit denen Beuys auf die besondere Aufgabe für das „deutsche Volk" hinwies. Während des Lesens dieser Zeilen ging mir zunächst blitzartig Anerkennung durch den Kopf, und ich ergänzte vorauseilend: wegen der entsetzlichen Verbrechen, welche dieses Volk in Europa begangen hat. Der von Beuys formulierte Text wurde aber ganz anders fortgesetzt, und seine Worte erschütterten mich tief: „schon wegen der Genialität unserer Sprache."[3]

Diese Erfahrung brachte mich dazu, alle Aussagen von Joseph Beuys, die sich in irgendeiner Weise auf die Geschichte des Nationalsozialismus beziehen, zusammenzutragen. Ich gebe zu, vorübergehend geriet meine große Bewunderung für seine materialisierten Werke in den Hintergrund. Diese erholte sich aber nach und nach wieder. Und heute versuche ich, Joseph Beuys als einen Menschen zu verstehen, den man als bedeutenden bildenden Künstler beurteilen kann, den man aber gleichzeitig als einen Menschen voller Widersprüche betrachten sollte. In dieser Studie werden Aussagen von Joseph Beuys diskutiert, die zum allergrößten Teil zu seinen Lebzeiten veröffentlicht wurden. Ich versuche, mich von Spekulationen fernzuhalten, untersuche die Umstände, unter denen die Aussagen gemacht wurden, und nehme die Wortwahl genau unter die Lupe.

Am Ende steht ein Künstler, der ein Ausnahmemensch war, der aber – wen wundert es – auch menschliche, allzu menschliche Schwächen hatte, die kritische Leserinnen und Leser beschäftigen müssten und über die man nicht hinwegsehen kann. Der letzte Teil dieses Buchs unternimmt den Versuch einer Erklärung dessen, dass ein solcher Mensch, der sich in seiner ganzen künstlerischen Laufbahn dafür einsetzte, einen Weg zu einem nach seinen Vorstellungen besseren menschlichen Zusammenleben zu finden, solch absurde, für vernünftige Menschen unmögliche politische Standpunkte einnehmen und

2 Vgl. Joseph Beuys. In: Hans Mayer / Joseph Beuys / Margarete Mitscherlich-Nielsen / Albrecht Schönherr: *Reden über das eigene Land: Deutschland*, Bd. 3. München: Bertelsmann 1985, S. 37–52. Das Gespräch fand 1985 in den Münchner Kammerspielen statt.

3 Ebd., S. 46.

solch entsetzliche bis widerwärtige Aussagen machen konnte, wie sie hier vorgestellt werden.
Dieses Buch, dessen Entstehen seinen Autor, nicht zuletzt aus persönlichen Gründen, sehr belastet und ihm somit wenig Freude bereitet hat, musste geschrieben werden. Viel zu lange hat die Beuys-Forschung einen großen Bogen um diese Thematik gemacht oder diese in größeren biografischen Ansätzen mehr oder weniger untergehen lassen. Die wenigen bewusst ideologiekritischen Veröffentlichungen führten wohl zu einer Vermehrung des Wissens, kamen aber durch ihre Neigung, ein rundum negatives Gesamtbild der Persönlichkeit des Künstlers und seines Denkens zu konstruieren, nicht zu einer Klärung der Frage, wie Beuys' hier vorgestellte Äußerungen hinsichtlich der Zeit des Nationalsozialismus zu seinen idealistischen, auf humane Gesellschaftsveränderungen abzielenden Ideen in Beziehung gesetzt werden können. Auch fehlte es bisher an einer umfassenden Betrachtung solcher Aussagen in ihrem Zusammenhang. Genau das soll hier geleistet werden, und zwar als Versuch und also keineswegs mit dem Anspruch auf Endgültigkeit!

An diesem Buch habe ich mehrere Jahre lang gearbeitet und dabei von einer großen Zahl von Gesprächspartnern und Gesprächspartnerinnen wichtige Anregungen bekommen. Dankend nennen möchte ich zuallererst meine Frau, Barbara Strieder, die während des ganzen Prozesses des Nachdenkens und Schreibens hilfreiche Anregungen gab, wichtige kritische Anmerkungen einbrachte und mir vor allem immer wieder verständnisvoll Mut zum Weiterarbeiten machte. Horst Bernhardt, Hans Brand, Agnes Bröker, Dörte Nicolaisen, Christoph Otterbeck und Thomas Ruffmann lasen und kommentierten das Manuskript. Ihre Hinweise und Korrekturvorschläge waren mir eine große Hilfe. Dafür danke ich ihnen. Tina Turnheim, die künstlerisch und kritisch zu Beuys forscht, danke ich für ihre Anmerkungen sowie Matthias Naumann vom Neofelis Verlag für seine aufmerksame, verständnisvolle und besonders hilfreiche Lektoratsarbeit. Im Laufe der Jahre, in denen mich der Stoff beschäftigte, der zu dieser Veröffentlichung führte, regten mich zahllose Gesprächs- und Diskussionspartner zum kritischen Weiterdenken an. Sie werden hier nicht einzeln genannt, können sich meines Dankes aber sicher sein.

I
Einleitung

Allzu oft sprechen die Werke von Beuys zu ihrem Publikum durch seine eigenen, wortreich vorgetragenen Ideen oder durch die theoriebeladenen Erklärungen anderer. Zahlreiche Werke von Beuys haben aber durchaus die Kraft, den Betrachter wortlos zu erreichen. Wahrscheinlich hat schon Beuys selbst die hohe künstlerische Qualität seiner Werke unter- und sein gesprochenes Wort überbewertet. Da die Ideenwelt von Joseph Beuys in hohem Maße von weit von der Realität entfernten Ansprüchen und vor allem von Rudolf Steiners Esoterik geprägt ist, ist man zudem leicht geneigt, seine Bildwerke ausschließlich in einem solchen Kontext zu rezipieren.

Dieses Phänomen hatte bisher zwei auffällige Konsequenzen. Auf der einen Seite wurde sein Schaffen, vor allem in jüngerer Zeit, gerade aufgrund des esoterischen Hintergrunds und seiner oft völlig unreflektierten Äußerungen über die Zeit des Nationalsozialismus in ein ideologisch besonders negatives Licht gerückt. Auf der anderen Seite haben sich diejenigen, die nicht nur sein materiell realisiertes Werk, sondern auch sein Denken für sehr bedeutend halten, nahezu nicht oder nur sehr oberflächlich mit den zahlreichen Aussagen beschäftigen wollen, die in diesem Buch zentral diskutiert werden.

Für beide hier genannten Wege gibt es Alternativen: Man kann die Werke von Beuys von seinen Theorien loslösen und ihre ungeheuren Aussagemöglichkeiten ausloten. Anderseits kann man, ohne die Bedeutung der materiell existierenden Werke auch nur im geringsten zu schmälern, seine oft kaum zu ertragenden Äußerungen zur

Zeitgeschichte offen und kritisch durchleuchten und vor allem die hier zentral stehenden Fragen aufwerfen, woher diese Äußerungen kommen und wie und weswegen sie in Beuys' Geist lebten, rumorten und immer wieder an die Oberfläche gelangten. Um diesen letztgenannten Aspekt geht es hier vor allem. Und es sei noch einmal mit Nachdruck gesagt: Die Qualität des erhalten gebliebenen materiellen Erbes von Joseph Beuys soll durch diese kritische Herangehensweise nicht im geringsten in Frage gestellt werden.
Denjenigen, die es schwer damit haben, dass hier überhaupt all diese dummen, widerwärtigen oder absurden Aussagen von Joseph Beuys unter die Lupe genommen werden, und der Meinung sein sollten, sie seien von keinerlei Bedeutung und man solle sie lieber vergessen, seien folgende Worte des Künstlers zitiert:

> Wichtig ist mir die Offenheit. Man muß herausstellen, was man ist. Es gibt gar keinen Grund dafür, seine Fehler, Mängel oder Verzerrungen zu verstecken. Daß es für die ganze Welt erst interessant und produktiv wird, wenn die Menschen sagen: Ich habe nichts zu verbergen! Die Wahrheit ist, daß ich ein fehlerhaftes unvollkommenes Wesen bin. Indem ich das dem anderen zeige, entsteht ein kreativer Prozeß. Diese Wunde, dieses Unvollkommene, dieses Fragmentarische muß man anschauen und dann weitergehen, sich ergänzen lassen von anderen. Das gemeinsame Vorhaben bringt die Menschheit überhaupt erst in Gang.[1]

Darum geht es hier. Diese Worte sollen Maßstab sein. Keine Schönfärberei, keine Unterschlagung von Schwächen, denn Beuys hatte „nichts zu verbergen" und jedes Wort war ihm wichtig. Es sollen hier all jene Worte des Künstlers thematisiert werden, die sich in irgendeiner Weise auf seine Erfahrungen in der Zeit des Nationalsozialismus beziehen. Er hat die Worte gesprochen und sie wurden veröffentlicht; „dieses Unvollkommene, dieses Fragmentarische muß man anschauen", und dabei muss der Blick prüfend und kritisch sein.

1 Keto von Waberer: Das Nomadische spielt eine Rolle von Anfang an. Interview mit Joseph Beuys. In: Carl Haenlein (Hrsg.): *Joseph Beuys. Eine Innere Mongolei. Dschingis Khan – Schamanen – Aktricen. Ölfarben, Wasserfarben und Bleistiftzeichnungen aus der Sammlung van der Grinten.* Hannover: Kestner Gesellschaft 1990, S. 197–221, hier S. 208. Das Interview fand 1979 statt.

Kritische Stimmen hat es viele gegeben, auch unter Kunstkritikern und Forschern, aber allzu wenig wurde versucht, zu verstehen. Genau das soll hier geleistet werden.

In einem ersten Schritt wird eine knappe Übersicht der Literatur geboten, die sich kritisch mit der Frage des Verhältnisses von Joseph Beuys zur Zeit des Nationalsozialismus befasst. Allerdings soll es sich hier nicht um eine breite Darstellung der Forschungsgeschichte und des aktuellen Forschungsstands handeln, sondern es interessiert allein, in welchem Ausmaß die allgemein verfügbaren Aussagen von Beuys zu diesem Themenkomplex überhaupt in die Betrachtungen einbezogen wurden. Dementsprechend soll es hier auch nicht darum gehen, wie das Gesamtwerk des Künstlers heute unter ideologischen Gesichtspunkten zu werten ist. Diese Diskussion, die um 1979 anlässlich des prominenten Auftritts von Beuys in den USA mit seiner großen Ausstellung im Guggenheim Museum in New York begonnen hat, ist auch heute aktuell. Vorliegendes Buch soll zu dieser wichtigen Frage allenfalls einen indirekten Beitrag leisten, indem es die Widerspiegelung des Beuys'schen Denkens in seinen eigenen Texten über die Zeit des Nationalsozialismus thematisiert.
In einzelnen thematischen Gruppen werden danach Äußerungen von Beuys vorgestellt und kritisch beleuchtet. Dabei geht es nicht um die Tatarenlegende, sondern um seine Jugend in kleinstädtischen Nazi-Verhältnissen, um Beuys' Sicht auf das Schicksal der Klever Juden, um seinen Entschluss, sich freiwillig zur Luftwaffe zu melden, um seine Kriegserfahrungen, um seinen Umgang mit dem Begriff „Volk" und auch darum, was ihm aus fünfunddreißigjähriger Distanz der Begriff „Auschwitz"[2] bedeutete.
Im Schlusskapitel werden wesentliche Merkmale der Beuys'schen Argumentations- und Redeweise sortiert und vor allem wird die Frage gestellt und hypothetisch beantwortet, was den befremdlichen bis regelrecht abstoßenden Äußerungen zugrunde gelegen haben kann, wieso dieser meist sehr menschenfreundliche und auf eine bessere soziale Gemeinschaft abzielende Künstler derart irren und entgleisen konnte. Die Antwort ist, wie schon gesagt, hypothetisch.

2 Hier und im Folgenden erscheint der Begriff „Auschwitz" in Anführungszeichen, wenn er bei Beuys für das Phänomen der Vernichtungslager insgesamt auftritt.

Sie soll anregen, denn: „Diese Wunde, dieses Unvollkommene, dieses Fragmentarische muss man anschauen und dann weitergehen“[3]. Das „Weitergehen“ – hier von Beuys nachdrücklich auf den Umgang mit menschlichen Schwächen im Allgemeinen bezogen – kann eben erst fruchtbar sein, wenn man sich offen den hier aufgeworfenen Fragen und hypothetischen Antworten stellt, sie nicht pauschal ablehnt, sie nicht als Angriff auf einen großen Künstler beiseiteschiebt, denn darum geht es hier nicht: Beuys hatte „nichts zu verbergen“.

Abgesehen von einigen wenigen Kunstwerken, deren Zusammenhang mit der Shoa schon durch ihren Titel unübersehbar ist, bleiben die zwei- oder dreidimensional ausgeführten Werke von Beuys in diesem Buch im einzelnen unerwähnt. Der Grund dafür ist die Überzeugung des Autors, dass Kunstwerke, wie anfangs angedeutet, nahezu immer unabhängig von der Gedankenwelt ihres Urhebers rezipiert werden können und dass dies auch für die Werke von Beuys gilt. Selbstverständlich kann und soll man auch die Werke von Beuys vor dem Hintergrund seiner Ideen betrachten und einer wissenschaftlichen Untersuchung unterziehen. Dies ist denn auch bereits vielfach geschehen, und es gibt gute Gründe, anzunehmen, dass die wissenschaftlichen Werkinterpretationen so bald kein Ende finden werden. Das vorliegende Buch könnte auch durchaus zu solchen Interpretationen weitere Anstöße geben. Das Ziel dieser Studie ist jedoch ein anderes. Hier stehen die Gedankenwelt des Künstlers sowie seine Einstellung zur jüngsten Vergangenheit und deren Beziehung zur Wirklichkeit der eigenen Lebenszeit im Mittelpunkt der Betrachtungen.

3 Von Waberer: Das Nomadische, S. 208.

II
Die Rolle der Selbstzeugnisse in der bisherigen Literatur zu Beuys

Die Literatur zur ideologischen Position von Joseph Beuys zwischen Nationalsozialismus und Neuen Rechten einerseits und einem zeitgemäßen sozialen und ökologischen Utopismus andererseits hat inzwischen einen solchen Umfang erreicht, dass eine gründliche Darstellung und Analyse allein schon ein ganzes Buch füllen könnte. Hier soll es aber ausschließlich darum gehen, die wortwörtlichen Aussagen von Beuys unter die kritische Lupe zu nehmen.

In der bisherigen Literatur zu Joseph Beuys herrschen zwei Tendenzen vor: Zunächst sind nahezu alle Autorinnen und Autoren bestrebt, den Künstler als Menschen ohne innere Widersprüche darzustellen. Das heißt, man neigt dazu, ein zusammenhängendes Bild all seines bildkünstlerischen, literarischen, kunsttheoretischen oder philosophischen und auch politisch orientierten Schaffens im breitesten Sinne zu konstruieren. Es ließe sich gut mit dem Begriff „Beuys aus einem Guss" charakterisieren. Dass Joseph Beuys wie jeder andere Mensch eher ein Gemisch aus psychischen Kräften und Charakterzügen ist, wurde bisher kaum berücksichtigt. Die zweite Tendenz ist die Blindheit der allermeisten Autorinnen und Autoren für die sehr zahlreichen Aussagen von Beuys, die in keine seiner künstlerischen oder sozialutopischen Gedankenkonstruktionen hineinzupassen scheinen. Im besten Fall werden sie zwar herangezogen, aber entweder ins Positive umgedeutet oder als bedauerliche, aber für das Gesamtbild unerhebliche Fehltritte abgetan. Mit diesen zwei Tendenzen als zentrales Problem

vor Augen sollen im Folgenden einige wichtige Stationen der bisherigen Literatur ins Visier genommen werden.
Äußerungen des Künstlers Joseph Beuys zu seinen eigenen Erfahrungen während der Jahre des Nationalsozialismus und rückblickend auch allgemein zur Zeit der Nazidiktatur erschienen schon früh. Zunächst in den vielzitierten autobiografischen Notizen,[1] dann in den kaum vollständig zu überblickenden gedruckten Wiedergaben von Reden, Gesprächen und Interviews.[2] Das Interesse richtete sich aber bisher, etwas überspitzt formuliert, eher auf die Tatarenlegende als z. B. auf Beuys' Erinnerungen an die Hitlerjugend, die erst in jüngster Zeit kritische Aufmerksamkeit auf sich gezogen haben. Nahezu alle in diesem Buch angeführten Zitate sind schon zu Beuys' Lebzeiten veröffentlicht worden. Berücksichtigt wurden sie aber nur sehr selektiv. Sogar in solchen Publikationen, die mit Beuys hart ins Gericht gingen, wurde nur sparsam oder einseitig von diesen verfügbaren Quellen Gebrauch gemacht.
Die erste große Monografie zu Leben und Werk von Joseph Beuys erschien bereits 1973, kurz nach der öffentlichen Präsentation der Pläne für eine Freie Schule für Kreativität, nach Beuys' Beteiligung an der *documenta 5* mit einem Informationsbüro der Organisation für direkte Demokratie durch Volksabstimmung, der fristlosen Kündigung seines Dienstverhältnisses als Professor an der Staatlichen Kunstakademie Düsseldorf wegen „Hausfriedensbruch" und der kurz darauf erfolgten Gründung des Vereins zur Förderung einer Freien internationalen Hochschule für Kreativität und interdisziplinäre Forschung. Diese Ereignisse wurden in dem von Götz Adriani, Winfried Konnertz und Karin Thomas vorgelegten, reich bebilderten und unter Beuys' aktiver Mitwirkung erarbeiteten Band in einer solchen Ausführlichkeit dokumentiert, dass man ihn durchaus als ein klares Parteiergreifen für den Künstler und seine künstlerisch-politischen Ziele verstehen kann.[3]

1 Der „Lebenslauf Werklauf" wurde zum ersten Mal veröffentlicht in *Joseph Beuys. Werke aus der Sammlung Karl Ströher.* Ausstellungskatalog. Basel: Kunstmuseum Basel 1969, o. P.

2 Eine besonders gute Quelle ist Monika Angerbauer-Rau: *Beuys Kompass. Ein Lexikon zu den Gesprächen von Joseph Beuys.* Köln: DuMont 1998. Dieses Nachschlagewerk erschließt sich über ein umfangreiches Stichwort-Register.

3 Vgl. Götz Adriani / Winfried Konnertz / Karin Thomas: *Joseph Beuys.* Köln: DuMont Schauberg 1973. Zitate nach Gesprächen aus den Jahren 1971 und 1972.

Dieses Buch prägte die Rezeption der Werke und vor allem der Ideen des Künstlers für viele Jahre und erlebte noch zwei weitere Ausgaben, die erste, „erweitert und gestrafft", noch zu Lebzeiten von Beuys im Jahr 1981, die zweite 1994, als „überarbeitete und erweiterte Neuauflage". In allen drei Ausgaben wirkt das Buch heute in Bezug auf Beuys' Äußerungen über seine Sicht auf unterschiedliche Aspekte der Zeit des Nationalsozialismus, die hier thematisiert werden sollen, wie ein bewusst eingesetzter Schutzschild. Denn obwohl alle im Folgenden angeführten Aussagen in den allermeisten Fällen bereits zu Lebzeiten des Künstlers veröffentlicht und also zugänglich waren, blieben sie auch in der postumen Ausgabe von 1994 unberücksichtigt.
In allen drei Ausgaben heißt es unter dem Stichjahr 1938: „Aufgrund einer strengen katholischen Erziehung blieben die Ideologien der Nazi-Diktatur eigentlich im Hintergrund."[4] Dies aber ist eine nirgendwo belegte Behauptung. Sie gibt gewissermaßen den Rahmen vor, innerhalb dessen in der Folge das Thema Nationalsozialismus zum Tragen kommt. Dass der Anti-Judaismus auch in Kleve zum lokalen Katholizismus dazu gehörte, wird mit dieser Aussage unter den Tisch gekehrt. Ebenso wird die Tatsache, dass Beuys darüber hinaus – laut der sich in diesem Buch direkt anschließenden Aussage – ohne „Skrupel" an der Hitlerjugend beteiligt war, von vornherein als unerheblich für seine jugendliche ideologische Bildung beurteilt und hervorgehoben. Beuys formulierte den Autoren gegenüber nämlich Folgendes:

> Skrupel dagegen gab es bei mir überhaupt nicht, höchstens bei meinen Eltern. Man muß ja zugeben, daß – etwa im Gegensatz zu heute – damals die Situation für die Jugendlichen in gewisser Weise ideal war, um sich auszuleben. Es kann keine Rede sein, daß wir manipuliert worden sind; gut, man stand in Reih und Glied und trug eine Uniform, aber ansonsten fühlten wir uns frei und unabhängig.[5]

Es wird später auf diese Aussage zurückzukommen sein, aber es muss bereits angemerkt werden, dass Beuys hier die Erinnerung an seine damaligen Gefühle unreflektiert als seine aktuelle Beurteilung ausgibt.

4 Ebd., S. 13. Dasselbe Zitat wurde auch in den Ausgaben 1981 und 1994 abgedruckt.
5 Ebd.

Ebenso jede Kritik von vornherein abwehrend heißt es einige Absätze weiter:

> Weniger weil es der Zeitgeist forderte, als vielmehr aus Aversion gegen eine einseitig humanistische Erziehung entdeckte Beuys sein Interesse für nordische Geschichte und Mythologie […].[6]

Aus zwei Gründen ist diese Aussage der Autoren zumindest in hohem Maße oberflächlich und wohl von Beuys' Selbsteinschätzung abhängig. Ist es doch erstens ziemlich vermessen, die schulische Praxis nach 1933 „einseitig humanistisch" zu nennen (worauf noch zurückzukommen ist), während Beuys als Anreger einen Lehrer nennt, der ein alter „Islandfahrer" gewesen sei, „der mich in dieser Vorliebe bestärkte"[7], als habe dieser Lehrer nicht zur schulischen Praxis gehört. Zweitens erwähnt er an anderer Stelle nachdrücklich die Rolle, welche die Erfahrungen im Ersten Weltkrieg spielten, die sämtliche Lehrer ihren Schülern vermittelten. Eine durchaus national bzw. „nordisch" gefärbte Vermittlung „nordischer" Inhalte kann also ohne Weiteres angenommen werden. Seltsam ist auch der Beuys'sche Hinweis, der Lehrer habe seine diesbezügliche Vorliebe bloß „bestärkt", ohne darauf hinzuweisen, woher das Interesse bei ihm selbst denn überhaupt gekommen sei.

Eine weitere Monografie mit großer, vor allem populärer Wirkung erschien zwar erst 1987, also ein Jahr nach dem Tod des Künstlers, war aber ebenso abhängig von Beuys' Selbstdarstellung. Das vom Kunstkritiker Heiner Stachelhaus mit journalistischer Verve geschriebene Buch erlebte bis 2008 mindestens 16 Auflagen bei wechselnden Verlagen.[8] In diesem Buch kommt der Zweite Weltkrieg, der auf acht Seiten abgehandelt wird, eigentlich gar nicht vor. Natürlich werden die betreffenden Jahre behandelt, aber es wird dort vor allem betont, dass diese Zeit in erster Linie ein „Bildungserlebnis"[9] gewesen sei. Beuys habe mit Heinz Sielmann während der Ausbildung im damaligen Posen Tierstudien betrieben, sei mit ihm in Vorlesungen an

6 Adriani / Konnertz / Thomas: *Joseph Beuys*, S. 13.

7 Ebd.

8 Heiner Stachelhaus: *Joseph Beuys*. Düsseldorf: Claassen 1987.

9 Ebd., S. 23. Der Autor bezeichnet hier „Bildungserlebnis" als Beuys-Zitat.

der Posener Universität gegangen, habe in den Ruhezeiten Gedichte geschrieben und sich in einem soldatischen Philosophiekreis mit den entwicklungspsychologischen Ideen Eduard Sprangers beschäftigt. „Der Krieg hat Beuys offensichtlich wenig berührt“[10], lautete das Fazit des Autors. Weder Feinde noch Opfer sind Teil der Beschreibung von Beuys’ Erfahrungen in diesen Jahren. Folgerichtig beschreibt Stachelhaus hier einen scheinbar konsequenten Entwicklungsgang des künftigen großen Künstlers, Denkers und Gesellschaftsreformers. Auch für die dem Krieg vorangegangenen Jahre ab 1933 erwähnt der Autor keine wirklichen Probleme. Wohl bringt er sein Erstaunen darüber zum Ausdruck, dass Beuys bereits 1938, also als 17-jähriger Schüler, in der Lage gewesen sei, „die spezifische plastische Problematik“ im Werk von Wilhelm Lehmbruck „zu erfassen“[11]. Wie erstaunt wäre er aber erst gewesen, wenn er sich vergegenwärtigt hätte, dass die Bücherverbrennung, bei der Beuys einen Kunstkatalog mit Abbildungen von Lehmbruck-Skulpturen „herausgefischt“ haben soll, nicht 1938, wie Stachelhaus annahm, sondern 1933 stattgefunden hat, als Beuys erst 12 Jahre alt war.[12]

Die ersten bewusst kritischen Überlegungen zum Umgang von Joseph Beuys mit seinen und den Erinnerungen anderer an die Zeit des Nationalsozialismus erschienen erst im Zusammenhang mit der großen Beuys-Ausstellung 1979 in New York. Allerdings ging es dabei in erster Linie um den Charakter seines Werks, die Art seines Auftretens und um seine sozialutopischen Ansprüche. Es war Benjamin H. D. Buchloh, der die Ausstellung im Guggenheim Museum zum Anlass nahm, sich in der amerikanischen Kunstzeitschrift *Artforum* in äußerst kritischer Weise mit Beuys auseinanderzusetzen. Aus seiner Sicht repräsentierte Beuys eine nach Kriegsende bei vielen Deutschen anzutreffende Haltung, bei der man jeder Selbstbefragung und jeder Selbstkritik aus dem Wege ging. Er charakterisierte Beuys’ Werk, Auftreten und vor allem seine ideologischen Ansprüche als eine Flucht aus der Wirklichkeit:

10 Ebd., S. 24. Auf Spranger wird im letzten Kapitel zurückgekommen.

11 Ebd., S. 17.

12 Ebd.

> Diese Utopie offenbar[t] die zutiefst antihistorische Haltung von Beuys, in der er versucht, eine Perspektive zu suggerieren, die die geschichtliche Partikularität, die realen Folgen der Arbeitsteilung und der Spezialisierung abzuschaffen verspricht. In dieser mythischen Vorstellung von der Versöhnung aller geschichtlichen Widersprüche sollen zugleich auch in einem spektakulären Coup ästhetischer Aufhebung die realen Erfahrungsbedingungen rückgängig gemacht werden.[13]

Zu einer Fokussierung auf die hier im Folgenden thematisierten Äußerungen von Beuys mit Bezug zur Zeit des Nationalsozialismus gab es für Buchloh noch kaum Anlass, da die allermeisten davon erst nach Ende der Ausstellung veröffentlicht wurden. Sein Text rief viel Widerspruch und vor allem Empörung hervor.[14] Man war allzu sehr gewohnt, Beuys als Vertreter der künstlerischen Avantgarde zu sehen, und Zweifel an der Aktualität seines Weltbilds und seiner Zukunftsperspektive waren damals noch selten.

Obwohl hier und da durchaus die wirklichkeitsfremde Seite der von Beuys propagierten Zukunftsperspektive thematisiert wurde und auch immer wieder auf seine Jugend in der NS-Zeit und seine Kriegsteilnahme Bezug genommen wurde, ging dies doch, was die historische Faktizität betrifft, im Kern kaum jemals über die in der großen Monografie von Adriani, Konnertz und Thomas enthaltene Information hinaus.

Das änderte sich erst wirklich, als 1996 die „erweiterte Beuys Biografie" von Frank Gieseke und Albert Markert unter dem Titel *Flieger, Filz und Vaterland* erschien. Die beiden Autoren brachen radikal mit der bis dahin gepflegten Tradition. Die Tendenz war kompromisslos und durchgehend negativ:

13 Benjamin H. D. Buchloh: Joseph Beuys. Die Götzendämmerung. In: *Brennpunkt Düsseldorf. Joseph Beuys – Die Akademie – Der allgemeine Aufbruch. 1962–1987.* Ausstellungskatalog. Düsseldorf: Kunstmuseum Düsseldorf 1987, S. 60–77, hier S. 62–63.

14 Als Beispiel unter vielen sei die zu Beuys' Tod 1986 veröffentlichte Erklärung des Kunsthistorikers Laszlo Glozer erwähnt, der auch dann noch auf die Buchloh-Kritik Bezug nahm: „Seine Neider und die Querulanten, die ihn in New York als Nazi verpfeifen wollten, werden sich verkriechen. Man wird ihm gerecht: man wird würdigen, dass er es war, – wohl er allein unter den um Kunst bemühten –, der die Vergangenheit, die Nazizeit und den Krieg als Künstler nicht verdrängte." (Laszlo Glozer: Zum Tode von Joseph Beuys. In: *Wolkenkratzer. Art Journal* 3,11 (1986), S. 33.)

> Was Beuys im Dritten Reich gelernt hat, scheint in weiten Teilen bis zu seinem Tod auch sein Denken in der Nachkriegszeit bestimmt zu haben. Volksseele, Blut und Boden, kulturelle völkische Identität sind, mehr oder weniger verschleiert, Elemente seines Ideologiekomplexes und seines ‚Erweiterten Kunstbegriffs'. Unsere These: „Die Beuys'schen Aufenthalte am rechten Rand der Republik sind die logische Konsequenz seines Weltbildes."[15]

Dieses von Gieseke und Markert zum Schluss ihrer Vorbemerkungen formulierte Fazit ist durchaus fragwürdig. Die Formulierung „was Beuys im Dritten Reich gelernt hat" ist reichlich pauschal. In jenen zwölf Jahren kann er vieles gelernt haben und nicht alles muss unbedingt aus der Nazi-Ideologie stammen. Es werden „Volksseele", „Blut und Boden" und „völkische Identität" genannt. Tatsächlich spielt die Volksseele bei Beuys eine Rolle, allerdings in der Bedeutung, die er von Rudolf Steiner übernommen hat, aber „Blut und Boden" kommt in der direkten Verknüpfung dieser beiden Begriffe bei Beuys nicht vor, ebenso wenig wie Ideen über eine „völkische Identität".[16]
Allerdings führt das Buch mit Bild- und Detailfülle deutlich vor Augen, welche Rolle der Nationalsozialismus während der Kinder- und Jugendzeit von Beuys in Kleve gespielt hat. Die Schule und die Hitlerjugend vor Ort werden präzise und mit umfangreichem Material thematisiert. Und zu Recht wird „die Art, wie er seine Erinnerungen reflektiert"[17], sehr kritisch unter die Lupe genommen. Nicht nur Kindheit und Jugendzeit werden mit einer sehr reichen Bild- und Textdokumentation vorgestellt, sondern auch die Kriegszeit und Beuys' Kriegsteilnahme. Die Dokumentation ist aber nicht nur bereichernd, sondern manchmal auch verstörend: Der nationalsozialistische Auftrag der von Deutschland ‚übernommenen' sogenannten Reichsuniversität Posen wird zu Recht kritisch behandelt, ebenso wie das „Germanisierungsprogramm in den eingegliederten Ostgebieten"[18], die Situation auf der Krim oder der Kriegseinsatz in Italien.

15 Gieseke / Markert: *Flieger, Filz und Vaterland,* S. 12.

16 All diese Begriffe und Aspekte kommen im Folgenden vor und werden dort auf ihren eigentlichen Inhalt und ihre Bedeutung befragt.

17 Gieseke / Markert: *Flieger, Filz und Vaterland,* S. 39.

18 Ebd., S. 62.

Durchaus fragwürdig ist dabei aber die intensive Bebilderung dieser Kapitel. Ein Foto von deutschen Truppen, die ins zerbombte Sewastopol einmarschieren, vom Volksaufstand der Resistenza 1943 in Neapel, von einer Gruppe von Tataren in der deutschen Wehrmacht oder von der Begegnung zwischen Elisabeth Förster-Nietzsche und Hitler in Weimar, wo Beuys sein Gedicht *Nordischer Frühling* schrieb,[19] es sind alles Begebenheiten, die zwar die Zeit unmittelbar betreffen, die aber nicht unbedingt zur unmittelbaren und bewussten Erfahrungswelt von Beuys gehört haben müssen.

In neun „Stationen“ wird von Gieseke und Markert Beuys’ politische Einmischung in das gesellschaftliche Leben der Bundesrepublik vorgestellt, vom Fluxus-Festival am 20. Juli 1964[20] über die Gründung der Deutschen Studentenpartei 1967 und die Gründung des Internationalen Kulturzentrums Achberg 1971/72 bis zur Rede „Über das eigene Land“ im Jahr 1985. Auf durchaus einleuchtende Weise wird hier die ideologische Nähe zum damaligen „rechten Rand“ der bundesrepublikanischen Gesellschaft dargelegt.

Zu kurz greift allerdings das daraus gezogene ideologische Fazit:

> [...] der ‚Erweiterte Kunstbegriff‘ läuft, bezogen auf die zahlreichen Äußerungen von Beuys über seine politischen Vorstellungen und konsequent zu Ende gedacht, parallel mit neurechter Ideologie auf ein mit natürlicher und ungleicher ‚Kreativität‘ begründetes gesellschaftliches Elitemodell hinaus, das doch sehr stark an volkssozialistische Vorstellungen erinnert.[21]

Gedanken an ein Elitemodell sind eben bei Beuys nicht zu finden; sie aus seinen theoretischen Reflexionen zu konstruieren ist reine Spekulation.

Das Echo auf *Flieger, Filz und Vaterland* war erwartungsgemäß sehr gering. Kaum jemand wollte sich – auch noch zehn Jahre nach dem

19 Vgl. Werner Schade: Ausgehend von einer frühen Zeichnung. In: Volker Harlan / Dieter Koepplin / Rudolf Velhagen: *Joseph Beuys-Tagung Basel 1.–4. Mai 1991.* Basel: Wiese 1991, S. 13–15.

20 Ob sich die Organisatoren des besonderen historischen Gewichts dieses Datums (20. Jahrestag des Attentats auf Hitler) bewusst waren, ist mir nicht bekannt.

21 Gieseke / Markert: *Flieger, Filz und Vaterland,* S. 217–218.

Tod des Künstlers – an dieser Materie die Finger verbrennen.[22] Ein wichtiger Schritt auf dem Weg zu einer kritischen Auseinandersetzung mit Beuys und seinem Denken war dann aber der im Jahr 2001 erschienene Band *Joseph Beuys. Mapping the Legacy*, herausgegeben von Gene Ray, eine Sammlung von Vorträgen, die 1998 im John and Mable Ringling Museum of Art in Sarasota, Florida, gehalten worden waren. Zwei von diesen Texten sind für die hier in Rede stehende Thematik von besonderem Interesse. Der Herausgeber, Gene Ray, vertrat die These, dass man Beuys' Werk unmittelbar zur Geschichte des Nationalsozialismus und vor allem auch zur Shoa in Beziehung setzen könne, und zwar als ein Ergebnis und eine Darstellung von Trauerarbeit. Er referiert auf den Vortrag in der Reihe „Reden über das eigene Land: Deutschland" aus dem Jahr 1985, in der Beuys über „die Aufgabe, die das Volk hätte", sprach, verpasst aber völlig den eigentlichen Sinn dieser Formulierung, indem er annimmt, dies habe Beuys als Konsequenz der „schrecklichen Sünden der Vergangenheit" gemeint.[23] Ray kritisiert geradezu, dass der Aspekt der Trauerarbeit, die von Beuys geleistet worden sei, bis dahin in der Beuys-Literatur keinen Platz gefunden habe.[24] Der dort von ihm „project of mourning" genannte Prozess solle nun endlich analysiert werden.[25] Ray macht damit dann selbst in diesem Vortrag einen beeindruckenden Anfang, indem er eine unmittelbare Verbindung zwischen einzelnen Werken oder Aspekten des Œuvres und den historischen Ereignissen der Nazizeit herstellt. Ob Beuys diese Beziehung überhaupt bezweckte oder ob ihm die von Ray hergestellten Verknüpfungen bewusst gewesen sind, wird von Ray allerdings nicht überzeugend belegt. Immerhin

22 Zu den seltenen Rezensionen gehörten Filip Haag: Deutsche Weltkunst. Eine neue Beuys-Biographie mit kritischen Tönen. In: *Der kleine Bund. Kulturbeilage zum ‚Bund'*, 05.041997, in dem die bisherige Beuys-Literatur eher in Schutz genommen wird, und Alois Martin Müller: Überflieger im Vaterlandsfilz. Eine ‚erweiterte' Beuys-Biographie bleibt auf dem Boden. In: *Tages-Anzeiger*, 08.07.1996, in dem nicht nur festgestellt wurde, dass „Elemente seines Weltbildes [...] mit Bildungsinhalten übereinstimmen, die zu einer Erziehung im nationalsozialistischen Deutschland gehörten", sondern u. a. auch, „wie unbedarft viele Kunsthistoriker mit kulturellen und geschichtlichen Beständen umgehen."

23 Gene Ray: Joseph Beuys and the after-Auschwitz Sublime. In: Ders. (Hrsg.): *Joseph Beuys. Mapping the Legacy*. New York: D. A. P. / Ringling Museum 2001, S. 55–74, hier S. 56.

24 Ebd., S. 56–57.

25 Ebd.

nimmt Ray kritisch auf Äußerungen von Beuys aus der Zeit um 1979 Bezug, in denen dieser „Auschwitz" unmittelbar mit den gegenwärtigen Verhältnissen unter der vorherrschenden kapitalistischen Marktwirtschaft verglich und damit regelrecht verharmloste.[26] Ray nennt diese Verharmlosung „disturbing and regrettable" und meint weiter, „they [Beuys' Äußerungen] simply subvert the gravity of his other statements."[27] Allerdings zeugt Rays Text nicht von einer gründlichen Kenntnisnahme der diesbezüglichen Äußerungen von Beuys und ihres Kontexts, eher scheint der Autor diese Verharmlosung als eine bedauerliche Entgleisung zu betrachten.

Der zweite Text stammte von Benjamin Buchloh, der – zwar modifiziert, aber dennoch klar und deutlich – an seinem Urteil aus dem Jahr 1980, das Werk von Beuys habe einen unzeitgemäßen Charakter gehabt, festhielt. Darüber hinaus betont er die Ansicht, dass Trauerarbeit – „the project of mourning" – keine Sache sei, die man einem Einzelnen stellvertretend für andere überlassen könne. Vor allem wirft er Beuys und anderen zeitgenössischen Künstlern vor, diese angebliche Trauerarbeit zu einem öffentlichen, spektakulären Akt gemacht zu haben, während diese „spectacularization" in Wirklichkeit der Feind und die völlige Zerstörung von Erinnerung und Trauerarbeit sei.[28] Abgesehen aber von Beuys' „Auschwitz"-Vergleich, den er als Ausnahme zu beurteilen scheint, spielen in seinem Essay konkrete Aussagen des Künstlers kaum eine Rolle.

Heftig fiel im Jahr 2008 die Reaktion auf einen Text des Schweizer Kunsthistorikers Beat Wyss in der Zeitschrift *Monopol* aus. Bereits der Titel musste zu emotionalen Reaktionen von Seiten der Beuys-Bewunderer führen, denn dieser lautete: „Der ewige Hitlerjunge"[29]. Wyss stellt die Position von Beuys als erfolgreicher Künstler so dar, als würde es sich dabei um die Fortsetzung seiner Denkwelt aus der Zeit der Hitlerjugend handeln. Sehr zu Recht verweist er darauf, dass Beuys noch Jahrzehnte später keine Kritik an seinen Jahren bei der Hitlerjugend entwickelt und diese Zeit sogar euphorisch beschrieben

26 Ray: Joseph Beuys and the after-Auschwitz Sublime, S. 70–71; siehe hier zu diesem Auschwitz-Vergleich das Unterkapitel „Die Aktualität von Auschwitz".

27 Ebd., S. 71.

28 Benjamin H. D. Buchloh: Reconsidering Joseph Beuys. Once Again. In: Ray (Hrsg.): *Joseph Beuys. Mapping the Legacy*, S. 75–89, hier S. 88.

29 Beat Wyss: Der ewige Hitlerjunge. In: *Monopol. Magazin für Kunst und Leben*, 10/2008, S. 78–83.

hat. Anders als Gene Ray beschreibt Wyss die Aktivitäten von Beuys als Motor der „historischen Verdrängungsarbeit" seit den 1960er Jahren. Die Parallelen zwischen Nationalsozialismus und der 68er-Generation, die Wyss als „antiautoritären Autoritarismus" bezeichnet, sind besonders oberflächlich. Weder die Pauschalcharakterisierung der NS-Jugend als „antiautoritär" noch die der 68er-Bewegung insgesamt als autoritätsgläubig in Bezug auf den Marxismus können in dieser Allgemeinheit überzeugen. Von Wyss wird vor allem Beuys' Disposition zum Esoterischen, die wohl kaum in der Ideologie der HJ ihren Nährboden fand, völlig außer Acht gelassen, und eine differenzierte Betrachtung des Verhältnisses zwischen Beuys' anthroposophischer Weltsicht und seinen gesellschaftskritischen Projekten und Äußerungen fehlt ganz. Allerdings enthält der Text von Wyss Anregungen, die nur von wenigen ausreichend ernst genommen wurden.

2009 erschien in einer zweiten, neu bearbeiteten Auflage eine ausführlich und gründlich argumentierende Kritik sowohl des Denkens als auch des Werks von Joseph Beuys aus der Feder von Rolf Famulla.[30] Es ist wohl die kompromisslose Radikalität der kritischen Position von Famulla, die zur geringen Beachtung seines Buchs führte. Die pauschale Aburteilung der materialisierten Werke von Joseph Beuys als Produkte der Verdrängungskultur der deutschen Nachkriegszeit mag von Famulla gründlich und überzeugend belegt sein, der Autor übergeht dabei die Tatsache, dass Rezeption nicht statisch ist und dass Menschen, die nicht Teil der Nachkriegsverdrängungskultur sind, einen anderen Zugang zum Werk von Beuys entwickeln können. Am radikalsten erscheint in diesem Buch das Urteil über Beuys' Umgang mit dem Thema „Auschwitz". Wie Gieseke und Markert attestierte auch Famulla Beuys eine „Blut- und Boden-Philosophie" und eine vollkommen „völkische Ideologie".[31] Dass diese pauschale Verurteilung des Beuys'schen Denkens bei genauer Betrachtung der Äußerungen von Beuys einer erheblichen Relativierung und Differenzierung bedarf, soll hier dargelegt werden.

30 Rolf Famulla: *Joseph Beuys. Künstler, Krieger und Schamane. Die Bedeutung von Trauma und Mythos in seinem Werk.* 2., neu bearb. Aufl. Gießen: Psychosozial-Verlag 2009.

31 Ebd., S. 164.

Erst die von Hans Peter Riegel 2013 vorgelegte umfangreiche Beuys-Biografie thematisiert die historischen Umstände, die Leben und Werk des Künstlers begleiteten, auf der Grundlage nicht nur einer bis dahin unerreichten Fülle an Quellen, sondern auch einer großen Anzahl von „Selbstzeugnissen", anhand derer Ideen, Handlungs- und Entscheidungshintergründe sehr präzise dokumentiert werden konnten.[32] Die wichtigsten Ergebnisse dieser Biografie sind wohl der Nachweis, dass sich Joseph Beuys viel stärker als bis dahin erkannt oder anerkannt auf Ideen von Rudolf Steiner stützte, und die Fülle an Details zum persönlichen Leben des Künstlers. Ausführlich wird auch in mehreren Fällen die NS-Vergangenheit von Menschen dargelegt, die später in Beuys' direkter Umgebung eine wichtige Rolle spielten, oder auch deren aktuelle neurechte politische Orientierung. Problematisch dabei ist jedoch, dass allzu pauschal der Eindruck erweckt wird, dass diese Gesinnungsaspekte sich vollständig mit Beuys' politischen und ideologischen Überzeugungen deckten oder dass ihm diese jeweils klar bewusst gewesen seien. Eine Schwäche stellt bei Riegel vor allem der Umgang mit Beuys-Zitaten dar. Diese werden zumeist nur in einem einzigen Zusammenhang angeführt und nicht einzeln näher unter die Lupe genommen oder miteinander in Verbindung gebracht.[33]

Im Allgemeinen muss festgestellt werden, dass die von Riegel vorgelegte Biografie zwar eine Zeit lang heiß diskutiert wurde, dass aber seither die Auseinandersetzung, namentlich was das Verhältnis von Beuys zur Zeit des Nationalsozialismus betrifft, nicht wesentlich

32 Hans Peter Riegel: *Beuys. Die Biographie.* Berlin: Aufbau 2013; sowie die erweiterte Neuausgabe: *Beuys. Die Biographie.* 3 Bde. Zürich: Riverside 2018. Bd. 3 enthält Dokumente. Soweit nicht anders angegeben, wird im Folgenden nach der ersten Auflage in einem Band von 2013 zitiert.

33 Einen guten Eindruck von Riegels Haltung und Arbeitsweise findet sich in einem von Dorothea Hülsmeier mit Riegel geführten Interview: Dorothea Hülsmeier: Joseph Beuys. „Beuys war bis ins Mark völkisch". In: *Berliner Zeitung*, 20.05.2013. Ähnlich: Andreas Gebbink: Joseph Beuys soll viele Stationen seines Lebens geschönt haben. In: *Der Westen*, 21.05.2013. https://www.derwesten.de/staedte/nachrichten-aus-kleve-und-der-region/joseph-beuys-soll-viele-stationen-seines-lebens-geschoent-haben-id7976992.html (Zugriff am 10.11.2020). Vgl. dagegen für eine massive Kritik an Riegel: Eugen Blume: Beuys-Debatte. Mysterien im Hauptbahnhof. In: *Süddeutsche Zeitung*, 15.05.2018. Jedoch auch Eugen Blume übersieht allzu viele Äußerungen von Beuys in ihrem Zusammenhang, wie sie hier thematisiert werden.

weiter vertieft wurde. Dies zeigte sich vor allem in der Diskussion um den 2017 von Andres Veiel veröffentlichten Film *Beuys* (D 2017), in der nur alte Pro- und Kontrapositionen zur ideologischen Ausrichtung des Künstlers wiederholt wurden.[34]

Tatsächlich sind die sehr fragwürdigen, hier thematisierten Aspekte des Beuys'schen Denkens und Redens allzu oft entweder unterschlagen oder als unwichtig beiseitegeschoben worden, während im Gegensatz dazu einige wenige andere, vor allem Hans Peter Riegel, die Autoren des Buchs *Flieger, Filz und Vaterland* und auch Beat Wyss, Beuys eine fehlende Distanzierung von der Ideenwelt des Nationalsozialismus attestierten und daraus dann eine kohärente nationalsozialistische Gesinnung und eine unmittelbare Nähe zu tradierten völkischen Vorstellungen ableiteten. Gegen die generelle Unterstellung, Beuys habe sich sein Leben lang bewusst in der Denkwelt der unverbesserlichen völkisch-nationalistischen Kreise befunden, versucht dieses Buch ein differenzierteres Bild zu entwerfen, ohne dass das negative Gewicht der hier versammelten Aussagen von Beuys damit verringert würde.

Es ist für alles hier Folgende eine zentrale Frage, ob der oft erhobene Vorwurf, Beuys habe sich zeitlebens vor allem mit Menschen umgeben, die entweder eine nationalsozialistische Vergangenheit mit sich trugen oder eine aktuelle neurechte Ideologie vertraten, berechtigt ist. Entscheidend für die Antwort ist die sich daraus ergebende Frage, ob diese tatsächlich nachweisbar vorhandene, sehr verstörende Ansammlung von besonders fragwürdigen Menschen auf Initiativen des Künstlers zurückgeführt werden muss oder ob man vielmehr annehmen muss, dass solche Menschen sich ihm von sich aus zuwandten und Beuys

34 Im Allgemeinen kann man eine verschreckte Abwehrreaktion vor allem bei solchen Kunsthistorikern feststellen, die aus museal-beruflichen Gründen meinen, Beuys unbedingt und unter allen Umständen schützen zu müssen. Vgl. Jens Voss: Beuys – ein ewiger Hitlerjunge? Interview mit dem Leiter des Kaiser Wilhelm Museums, Martin Hentschel. In: *Rheinische Post* (Krefeld), 01.09.2012. Siehe hier S. 82, Anm. 122. Im Allgemeinen gilt, was vor wenigen Jahren Ulrike Knöfel feststellte: „Wer heute etwa als Buchautor oder Kunstjournalist kritisch über Beuys schreibt, kann sich auf aggressive, fast drohende Reaktionen gefasst machen, vor allem im Internet. Eine Gemeinde von Anhängern investiert viel Energie in seine Verteidigung." (Ulrike Knöfel: Ein deutscher Künstler. In: *Der Spiegel*, 29.04.2017, S. 116.)

sie als hilfreich für das Erreichen seiner diffusen esoterischen Ziele betrachtete und ihre Unterstützung annahm, ohne sich der ideologischen und gesellschaftspolitischen Konsequenzen wirklich bewusst zu sein oder sie sich bewusst zu machen.

Mit den in diesem Buch folgenden Ausführungen wird der Versuch unternommen, nachzuweisen, dass Joseph Beuys in erster Linie von früh an in einer von der Realität weitgehend abgeschotteten Welt lebte, die seit den 1940er Jahren vor allem von der anthroposophischen Esoterik bestimmt wurde. Von dieser realitätsfernen Welt aus mischte er sich zunächst in die Welt der bildenden Kunst ein, dann aber ab den 1960er Jahren vor allem in die Welt der politischen Ideologien. Dabei kamen ohne Zweifel und inzwischen vielfach nachgewiesen auch unmittelbar Vorstellungen aus der NS-Zeit zur Wirkung, und auch nationalistische Grundgedanken, die sowohl den Nationalsozialismus als auch die Anthroposophie prägten. Dass sich die Sozialisierung von Beuys zu einem wichtigen Teil in den Jahren der braunen Herrschaft vollzog, steht außer Zweifel, aber Beuys war in seinen ersten 12 Lebensjahren auch durch den Katholizismus seiner Heimat geprägt worden. Darüber hinaus zeichnete er sich seit seiner Jugend durch einen nachweisbar großen, breit orientierten Lesehunger aus. Aus diesen Einflüssen entstand dann allmählich „unter der Käseglocke" einer extrem selbstbezogenen und im Kern der realen Menschenwelt abgewandten Persönlichkeit das Denken von Joseph Beuys, wie es sich in der biografischen und kunsthistorischen Literatur zu diesem Künstler wiederfindet. Das Reden von Beuys zog viele an und inspirierte viele. Sein Einfluss ging in alle Richtungen. Sowohl Neurechte fühlten sich von ihm verstanden und inspiriert als auch Menschen, die von rechten Ideologien weit entfernt waren. „Anhänger" von Beuys findet man heute entsprechend in neurechten, neokonservativen als auch in entschieden demokratischen Grundsätzen und grünem Gedankengut verpflichteten Kreisen.

Unmittelbar vor Abschluss des Manuskripts zur vorliegenden Veröffentlichung erschienen zwei Bücher zu Joseph Beuys, die im Kontext der hier behandelten Problemstellungen noch unbedingt der Erwähnung bedürfen. Zunächst handelt es sich um den 4. Band der Beuys-Biografie von Hans Peter Riegel mit dem Untertitel *Verborgenes Reden*, in dem anhand weniger bekannter Texte des Künstlers konzentriert die unwiderlegbare Abhängigkeit des Beuys'schen Denkens und Redens von Rudolf Steiner aufgezeigt wird.[35] Riegel belegt, wie Beuys aus der esoterischen Fantasiewelt von Steiner sein chaotisches, synkretistisches Weltbild ableitete, ein Aspekt, der auch im letzten Kapitel des vorliegenden Buchs thematisiert wird. Die konzentrierte Veröffentlichung der diesbezüglichen Texte von Beuys leistet einen wichtigen Beitrag zur dringend erforderlichen Versachlichung des Umgangs mit dem Künstler und seinem Denken. Vor allem liegt mit diesem Buch eine wichtige Anregung vor, das Epigonentum von Beuys, seine Abhängigkeit von Steiner, näher unter die Lupe zu nehmen, statt ihn weiterhin als genuinen Universalgelehrten darzustellen. Erste Ansätze dazu ermöglicht schon die Volltextrecherche in der Gesamtausgabe der Texte von Rudolf Steiner, in denen man zu den allermeisten Quellen, von denen man bisher annimmt, Beuys habe sie eigenständig studiert, sehr zahlreiche Ausführungen findet. Z. B. gibt es dort 6.687 Fundstellen zu Goethe, 1.004 zu Fichte, 995 zu Hegel, 1.498 zu Schiller, 347 zu Novalis, 480 zu Marx und sogar 167 zu Leonardo da Vinci![36]

Ganz anders, wenn nicht entgegengesetzt, ist die Zielrichtung des mit 500 dichtbedruckten Seiten opulenten und anspruchsvollen „Handbuchs" zu Leben und Werk von Beuys, das anlässlich des 100. Geburtstags des Künstlers begleitend zu den zahllosen Beuys-Ausstellungen, vor allem in Nordrhein-Westfalen, mit Förderung durch das Ministerium für Kultur und Wissenschaft des Landes Nordrhein-Westfalen und die Kunststiftung NRW herausgegeben wurde.[37] Die Einleitung zu diesem Handbuch zeigt das tendenziöse Bemühen der Herausgeber, Bettina Paust und Timo Skrandies, Joseph Beuys als großen Denker mit allergrößtem Aktualitätswert darzustellen: „[...] Joseph Beuys, der wie ein Universalgelehrter historische Diskurse und Zeitgeschehen studierte und daraus ein zukunftweisendes, humanes Konzept

35 Hans Peter Riegel: *Beuys. Die Biographie*, Bd. 4: Verborgenes Reden. Zürich: Riverside 2021.

36 Suchabfragen in *Freie Verwaltung des Nachlasses Rudolf Steiners*. http://fvn-rs.net/cgi-bin/omega.cgi?DB=fvn&FMT=fvnex2&B=P%2FGA&DEFAULTOP=and&HITSPERPAGE= (Zugriff am 09.08.2021).

37 Timo Skrandies / Bettina Paust (Hrsg.): *Joseph Beuys Handbuch. Leben – Werk – Wirkung*. Heidelberg: Metzler 2021.

entwickelte […].“[38] In der einleitenden Darlegung zum Kapitel „Kontexte“ werden dann als Weggefährten Heinz Sielmann und Heinrich Böll genannt und als Persönlichkeiten, die Beuys beeinflusst hätten, wird auf James Joyce und Leonardo da Vinci hingewiesen.[39] In der gesamten Einleitung kommt weder der Name Rudolf Steiner noch die esoterische Bewegung der Anthroposophie vor. Stattdessen heißt es dort:

> Beuys bewegte sich in teils disparaten Diskursen und Diskussionszusammenhängen, blieb aber konsistent bis aufdringlich in der Konsequenz, mit der er für die Soziale Plastik und die Erweiterung des Kunstbegriffes argumentierte […].[40]

Dabei wird in dieser Einleitung ohne Nennung des ursprünglichen ideologischen Kontexts sogar der anthroposophische Begriff der „Ganzheitlichkeit“ bemüht, um auf die angeblich visionäre Bedeutung von Beuys für die Zukunft der Menschheit hinzuweisen:

> […] soll dargelegt werden, was die Eigenarten des Beuysschen Werkes ausmachen, die Horizonte öffnen für Beuys’ Verständnis von plastischem Gestalten in Erweiterung auf jeden Menschen, von individuellen und kollektiven Fähigkeiten, von ästhetischer Wahrnehmung jenseits tradierter Muster, von ganzheitlichem Denken sowie gesellschaftlicher Verantwortung in Gegenwart und Zukunft.[41]

Unmittelbar anschließend wird diese Zielrichtung den Leserinnen und Lesern dann als „sachlicher“ Umgang mit Leben und Werk von Beuys ans Herz gelegt.[42]

Allerdings findet man im Aufsatz „Anthroposophie / Rudolf Steiner“ des anthroposophischen Philosophen Wolfgang Zumdick – leider haben sich bisher kaum nicht-anthroposophische Wissenschaftler mit dem Thema „Beuys und Steiner“ beschäftigt – klare Äußerungen zur

38 Timo Skrandies / Bettina Paust: Einleitung. In: Dies. (Hrsg.): *Joseph Beuys Handbuch*, S. IX–XIII, hier S. X.

39 Ebd., S. XI.

40 Ebd.

41 Ebd., S. IX–X.

42 Ebd., S. X.

überragenden Bedeutung von Steiners Denken für das gesamte Werk von Beuys: „So gesehen durchzieht die Beschäftigung mit den Ideen Steiners und der Versuch, sie für das Ende des 20. Jh.s. [*sic*] adäquat zu formulieren, das Gesamtwerk von Joseph Beuys."[43] Dies in der Einleitung außer Acht zu lassen, mutet wie eine absichtliche Verschleierung an.

In der Tendenz ähnlich wie die Einleitung der Herausgeber ist der von Eugen Blume, dem ehemaligen Leiter des Museums Hamburger Bahnhof in Berlin und Koordinator der für 2021 in NRW organisierten Beuys-Projekte, beigesteuerte Aufsatz mit dem Titel „Biographischer Fokus bis 1946. Jugend im Nationalsozialismus und Zweiter Weltkrieg"[44] angelegt. Mehrere im Weiteren thematisierte fragwürdige Aussagen von Beuys werden hier von Blume ohne auch nur den geringsten kritischen Ansatz zitiert. Die Äußerung von Beuys, die Kriegszeit sei für ihn deswegen nicht „positiv" gewesen, weil damals seine besten Freunde „umgebracht" worden seien[45] – die Toten auf der gegnerischen Seite oder die Opfer des Völkermords kommen ihm in dem Moment nicht in den Sinn –, bleibt kommentarlos. Rundum verharmlosend meint Blume dagegen: „In den Aussagen von Beuys mischen sich Erinnerungsfehler mit bewusst um- oder neugestalteten autobiographischen ‚Ideen'"[46].

Derselbe Beuys-Spezialist steuerte einen Aufsatz über Beuys' „Universalismus" zum „Handbuch" bei,[47] in dem er versucht, Beuys' Betonung der besonderen Rolle der Deutschen bei der Verwirklichung einer in seinem Sinne besseren Welt mit einem billigen Trick unter den Tisch zu kehren, nur um dessen angeblichen „Universalismus" vor der berechtigten Kritik durch Riegel retten zu können. Er zitiert dazu eine Aussage von Beuys aus dessen Deutschland-Rede von 1985, in der dieser die besondere Aufgabe des „deutschen Volkes" beschwört und

43 Wolfgang Zumdick: Anthroposophie / Rudolf Steiner. In: Skrandies / Paust (Hrsg.): *Joseph Beuys Handbuch*, S. 285–291, hier S. 290.

44 Eugen Blume: Biographischer Fokus bis 1946. Jugend im Nationalsozialismus und Zweiter Weltkrieg. In: Ebd., S. 8–13.

45 Ebd., S. 11. Siehe hier S. 87.

46 Blume: Biographischer Fokus bis 1946, S. 11.

47 Eugen Blume: Universalismus. In: Skrandies / Paust (Hrsg.): *Joseph Beuys Handbuch*, S. 338–342.

diese mit den Worten begründet: „Denn das wäre wohl zuerst unsere Pflicht und dann erst der anderen Völker."[48] Im selben Kontext sagte aber Beuys in dieser Rede auch: „[...] da sieht man, wie etwas, was von den Deutschen, also von dem Lande erwartet wird, auch eigentlich erwartet werden kann, nämlich schon allein aus der Genialität dieser Sprache, die wir sprechen."[49] Statt dies zu zitieren, behauptet Blume dann, Beuys beziehe sich hier nicht auf eine besondere Qualität der Deutschen, sondern auf die deutsche „Wunde", entstanden durch „die Katastrophen des Ersten und Zweiten Weltkrieges".[50]

48 Blume: Universalismus, S. 339.

49 Joseph Beuys. In: Mayer / Beuys / Mitscherlich-Nielsen / Schönherr: *Reden über das eigene Land*, S. 46. Siehe hier Kap. III.8.

50 Blume: Universalismus, S. 339–340. – In der den einzelnen Aufsätzen des „Handbuchs" vorangestellten „Zeittafel" zeigt sich ein höchst fragwürdiger Umgang mit historischen Fakten. Für den Zeitraum „1931–19" [*sic*] heißt es: „Über den flämischen Bildhauer Achilles Moortgat [...] dessen Atelier er von Zeit zu Zeit besucht [...], lernt er die Werke Wilhelm Lehmbrucks kennen." Diese ohne Quellenangabe versehene Information ist völlig aus der Luft gegriffen. Zum wirklichen Zusammenhang zwischen Beuys und Lehmbruck sei auf das Unterkapitel „Kunsterfahrung, Künstlerberuf – Durch den Krieg zur Kunst?" im vorliegenden Buch hingewiesen. Dann wird erwähnt, Beuys habe 1940 ein „Notabitur" erhalten, eine in der neueren Literatur längst widerlegte Behauptung. (Siehe hier S. 70.) Für 1940–42 wird erwähnt, Beuys habe als Gasthörer Vorlesungen an der „1941 gegründeten Reichsuniversität Posen" besucht, was eine skandalöse Übergehung der Tatsache ist, dass es sich bei dieser „Universität" um eine Nazi-Gründung handelte, welche die inhaltliche Zerstörung und Auflösung der polnischen Universität in Poznań zur Voraussetzung hatte. Zu Beuys' Versuch, sich 1943 für ein Bildhauerstudium in Berlin – genannt wird die „Preußischen Akademie der Künste in Berlin" – anzumelden, werden einige angeblich dort von den Nazis vertriebene moderne Künstler (Otto Dix, Käthe Kollwitz, Ludwig Mies van der Rohe) erwähnt, die dort damals ausgeschlossen worden seien. Bei der „Preußischen Akademie der Künste" handelte es sich um ein Ehrengremium, nicht jedoch um eine Kunstakademie im Sinn einer Ausbildungseinrichtung! Beuys wollte sich für ein Bildhauerstudium an der „Berliner Hochschule für Bildende Künste" anmelden. Die völlig abwegige Erwähnung von bekannten modernen Ausgeschlossenen soll hier wohl suggerieren, dass man Beuys in einer modernistischen Tradition zu sehen habe. In Wirklichkeit wollte Beuys 1943 in Berlin an jener Akademie studieren, wo seit 1937 der gefeierte Nazi-Bildhauer Arno Breker lehrte, der Beuys schon durchaus und zwar aus seiner Schulzeit bekannt war. Geradezu lächerlich wird die „Zeittafel", wo behauptet wird, dass zu den heute international bekannten Künstlern, die bei Beuys in Düsseldorf studiert haben, auch Johannes Stüttgen gehören soll. Unter „1971" wird erwähnt, dass Beuys Mitbegründer des Internationalen Kulturzentrums „Archberg" (*sic*) war, nicht aber, dass es sich bei Achberg (!) um eine anthroposophische Initiative handelt. Ähnlich wird bei der Verleihung der Ehrendoktorwürde des Nova Scotia College of Art and Design in Halifax an Joseph Beuys 1976 nicht erwähnt, dass es sich um eine der Anthroposophie nahe stehende

Bisher – und das ist der eigentliche Hintergrund für die hier vorliegende Thematisierung der zahlreichen konkreten Aussagen von Beuys über die Zeit des Nationalsozialismus – wurden überhaupt keine Versuche unternommen, nach Beuys' Beweggründen für solche Aussagen zu suchen, die jeden vernünftigen Leser zunächst sprachlos machen, wie die Behauptung, die Menschen in der Nazi-Zeit hätten im Gegensatz zu heute noch Hoffnung gehabt,[51] die bizarre Behauptung, er und seine Luftwaffengefährten hätten nicht „wie die Amerikaner oder die Engländer" auf Städte geschossen,[52] oder auch die Charakterisierung des Schulwesens der Bundesrepublik als „bolschewisiert"[53]. Vielmehr blieben einige Quellen, die hier im Weiteren eine wichtige Rolle spielen, wie das Gespräch von Beuys mit Schülern in Kassel im Jahr 1982 oder das aus mehreren Gründen peinliche Interview von 1980 in der Softporno-Zeitschrift *Penthouse* bisher nahezu unberücksichtigt.[54]

Einrichtung handelt, die 1887 von der Theosophin Anna Leonowens gegründet wurde. Siehe weiter zu diesem „Handbuch" hier S. 70, Anm. 95; S. 114, Anm. 200; S. 115, Anm. 202; S. 125, Anm. 22.

51 Vgl. Geert Platner und Schüler der Gerhart-Hauptmann-Schule in Kassel (Hrsg.): *Schule im Dritten Reich. Erziehung zum Tod? Eine Dokumentation.* München: dtv 1983, S. 128.

52 André Müller: Penthouse-Interview – Joseph Beuys. In: *Penthouse*, Mai 1980, S. 59–62, 98–101, hier S. 98.

53 Platner et al. (Hrsg.): *Schule im Dritten Reich*, S. 128.

54 Hier ist zusätzlich noch auf eine hervorragende Publikation hinzuweisen, in der der Umgang mit dem Kunstbegriff von Joseph Beuys von Seiten der kunsthistorischen Wissenschaft kritisch beleuchtet wird, allerdings auch ohne Heranziehung der zeitgeschichtlich bedeutsamen Aussagen des Künstlers: Stefan Gronert: Beuys als Problem. Zu einigen Grenzen des Museums, der akademischen Kunstgeschichte und der Kunst. In: Kunstmuseum Bonn (Hrsg.): *Joseph Beuys. Zeichen aus dem Braunraum – Auflagenobjekte und grafische Serien.* Ausstellungskatalog. Bonn: Kunstmuseum Bonn 2005, S. 195–207.

III
Themen

In der nun folgenden Thematisierung der zahlreichen, manchmal seltsamen, befremdlichen, oftmals aber auch absurden und abstoßenden Äußerungen von Joseph Beuys geht es keineswegs darum, ihm den hohen Rang als bildender Künstler abzusprechen. Im Gegenteil soll nach der eingehenden Erörterung dieser Aussagen im Schlusskapitel der Versuch unternommen werden, für dieses verstörende Phänomen der realitätsfernen Zeugnisse seines Denkens – zumeist formuliert im freien Strom des spontan gesprochenen Wortes – eine Erklärung zu finden. Joseph Beuys hat als bildender Künstler von großer und wohl bleibender Bedeutung ein Recht darauf, in jeder Hinsicht ernst genommen zu werden. Dieses Recht verpflichtet die Nachwelt auch dazu, ihn als einen Menschen zu verstehen, der ein Produkt von Veranlagung und vielgestaltigen Erfahrungen war und kein Mensch „aus einem Guss“, keine unfehlbare Gestalt, als die ihn immer noch viele Menschen, unter ihnen auch Kunsthistorikerinnen und Kunsthistoriker, betrachten.

1. Aussagen über die Zeit des Nationalsozialismus im Allgemeinen

Allgemeine Äußerungen über die Zeit der nationalsozialistischen Herrschaft finden sich bei Beuys eher selten. Die hier angeführten Textstellen kommen in anderen Zusammenhängen nochmals zur Sprache.

„Hoffnung“

> Heute ist noch mehr Grund, von ‚Erziehung zum Tode hin‘ zu sprechen. Zwar gab es ein unmenschliches System, wie sich gezeigt hat, aber die Menschen hatten im Inneren doch noch mehr Hoffnung auf die Zukunft, als ich es heute bei den Menschen feststelle. Also, die Sinnlosigkeit des Lebens, davon können einem heute Millionen von Menschen berichten, sogar schon Kinder! Sie wissen, daß die Selbstmordquote niemals so hoch war [...].[1]

Wie viele andere hier thematisierte Zitate stammt auch dieses aus einem Gespräch, das Schüler der Gerhart-Hauptmann-Schule in Kassel 1982 mit Joseph Beuys führten. In einem zwei Jahre dauernden Arbeits- und Lernprozess beschäftigten sich 32 Schüler zusammen mit ihrem Lehrer mit der Frage nach der „Schule im Dritten Reich“. In einem 1983 erschienenen Buch mit diesem Titel wurden die schriftlichen und mündlichen Stellungnahmen unterschiedlichster Personen der bundesdeutschen Öffentlichkeit verarbeitet, die als Zeitzeugen angesprochen worden waren. Anders als bei den meisten der eingegangenen Reaktionen, die nach Themen geordnet in dem Buch vorgestellt werden, wurde ein längeres Gespräch mit Joseph Beuys als Gesprächsprotokoll vollständig wiedergegeben. Der Künstler fand sich hier einer Gruppe besonders gut vorbereiteter Schüler gegenüber. Liest man heute den Text integral, so bekommt man durchaus den Eindruck, es habe sich vor allem um eine öffentliche Selbstrechtfertigung gehandelt und sehr viel weniger um eine pädagogische Situation, in der Beuys mit einem kritischen Rückblick Wissen und Verständnis der Lernenden hätte bereichern wollen.

In dem hier wiedergegebenen Zitat reagierte Beuys auf die Formulierung „Erziehung zum Tode“, die ihm von den Schülern als Aussage von Heinrich Böll vorgelegt worden war. Auf diesen Aspekt der Erziehungsziele des nationalsozialistischen Regimes wird später noch zurückzukommen sein.[2]

1 Geert Platner et al. (Hrsg.): *Schule im Dritten Reich*, S. 128. Das Gespräch fand am 08.03.1982 statt.

2 Siehe hier S. 66–67.

Im hier angeführten Zitat ist bereits die Formulierung „gab es ein unmenschliches System, wie sich gezeigt hat“ bemerkenswert. Beuys suggerierte mit dem Zusatz „wie sich gezeigt hat“, dass man erst später den realen Charakter des „unmenschlichen Systems“ hätte erkennen können. Er mag damit das Ausmaß des rassistisch und antisemitisch motivierten Massenmords gemeint haben. Implizit stellte er sich damit aber auf den Standpunkt, dass der Nationalsozialismus an sich kein „unmenschliches System“ oder als solches in seinen damals offen daliegenden Grundzügen nicht erkennbar gewesen sei. Offensichtlich stellte Beuys hier, am Anfang des Zitats, die von ihm weder erinnerte noch später erkannte Zielrichtung der Hitlerjugend einer Gegenwart gegenüber, die zum Tode erziehen würde. Diese Aussage gehört zu einem Gedanken von Beuys über „Auschwitz“ im Vergleich zur Gegenwart, auf den später noch zurückzukommen ist. Hier hob er aber hervor, die Gegenwart der frühen 1980er Jahre zeige einen großen Mangel an Hoffnung, größer als es in der NS-Zeit zu beobachten gewesen sei. Aus welchen Elementen diese Hoffnung bestanden hätte, wird von Beuys nicht erwähnt. Man darf nicht vergessen, dass Beuys hier eine allgemeine Beobachtung formulierte, die sich auf die Erfahrungen seiner Kindheit und Jugend bezog. Und hier, wie auch an anderen Stellen, nimmt Beuys die eigenen Erinnerungen als Grundlage für seine nicht kritisch reflektierten späteren Urteile. Man fragt sich, welcher Art die von Beuys gemeinte „Hoffnung auf die Zukunft“ gewesen sein könnte. Hatte er die sehr individuell geprägten Hoffnungsinhalte im Blick, die jede und jeder in welch schlimmen Umständen auch immer trotz alledem zu entwickeln vermag? Eine allgemeine, d. h. auch eine gemeinsam empfundene „Hoffnung auf die Zukunft“ ist in objektiver Betrachtung kaum auszumachen. Offenkundig war damals nur, dass Hoffnung nur für diejenigen bestehen konnte, die auf ein Leben ohne Demokratie und ohne Freiheitsrechte, auf Wohlstand auf Kosten „minderwertiger“ Völker und auf ein Leben inmitten eines „reinrassigen Volkes“ hofften. Was hätte man sich damals sonst erhoffen können? Ein baldiges Kriegsende nach einem erfolgreichen Eroberungskrieg? Arbeitsplätze in der Waffenindustrie? Eine erfolgreiche militärische Laufbahn? Die günstige ‚Übernahme‘ von jüdischen Geschäften und Unternehmen? Woraus sonst soll die damalige Hoffnung bestanden haben? Die Äußerung ist im

Grunde grauenvoll, noch verstärkt durch den Hinweis auf ein in den 1970er Jahren in Beuys' Augen vorherrschendes Lebensgefühl. Der Hinweis auf die Selbstmordquote der eigenen, aktuellen Zeit liest sich wie ein Hohn auf den Freitod, zu dem sich ab 1933 viele Jüdinnen und Juden entschieden haben.[3] Der Eindruck drängt sich hier wie auch an anderen Stellen auf, dass Beuys eine positive Sicht auf die Nazi-Zeit einsetzt, um ein düsteres Urteil über die Gegenwart hervorzuheben und damit seinen eigenen Visionen einer erforderlichen Veränderung der Gesellschaft mehr Legitimation und Kraft zu verleihen.

„Trauer"

> Glauben Sie denn, dass meine Trauer nach dem Krieg, von der wir vorhin gesprochen haben, nicht noch viel größer wurde, als ich diesen ganzen Adenauer-Scheiß dann erleben musste, also gesehen habe, dass da alles im Sinne des vorigen Jahrhunderts wieder aufgebaut wurde?[4]

Es wird in der Beuys-Literatur gerne darauf hingewiesen, wie sehr Beuys durch seine Erfahrungen im Krieg geprägt worden sei. Noch in der jüngsten Diskussion um den *Beuys*-Film von Andres Veiel (2017) meint dieser die Frage nach dem Verhältnis von Beuys zum Nationalsozialismus mit dem Hinweis auf folgende Aussage des Künstlers ausreichend beantwortet zu haben: „Ein Schlüsselsatz für seine Entwicklung ist für mich seine Aussage, sein Kopf sei ‚im Krieg zurechtgeschossen' worden."[5]

3 Die Suizidrate in Deutschland war 1980 in Wirklichkeit wesentlich niedriger als 1940. Vgl. Gert Egle: Suizid in Deutschland 1893–2000. In: *teachSam*, o. D. http://teachsam.de/pro/pro_selbsttt/pro_selbsttt_stat_3_1.htm (Zugriff am 21.03.2020). Vgl. auch Susanne Hahn / Christina Schröder: Suizidalität im Nationalsozialismus. In: *Psychologie und Gesellschaftskritik* 16,2 (1992), S. 81–101. https://nbn-resolving.org/urn:nbn:de:0168-ssoar-266532 (Zugriff am 21.03.2020); Martin Hubert: Einblicke in eine dunkle Folge des nationalsozialistischen Terrors (Besprechung des Buchs *Selbstmord im Dritten Reich* von Christian Goeschel, Berlin 2011). In: *Deutschlandfunk*, 30.01.2021. https://www.deutschlandfunk.de/einblicke-in-eine-dunkle-folge-des-nationalsozialistischen.1310.de.html?dram:article_id=194566 (Zugriff am 21.03.2020).

4 Müller: Penthouse-Interview, S. 99.

5 Urs Rühler: „Ich bin nicht angetreten, Beuys vor seinen Feinden zu retten". Interview mit Andres Veiel. In: *Neue Zürcher Zeitung*, 01.06.2017, S. 39.

Hier aber, in dieser Aussage über die „Trauer nach dem Krieg“, vergleicht der Künstler seine emotionale Reaktion auf die Wirklichkeit nach Kriegsende mit seiner Wahrnehmung der gesellschaftlichen Entwicklungen der 1950er Jahre und wertet seine jüngere Trauer als „noch viel größer“. Welche Rolle können dann die Erinnerungen an das erlebte und durch Lektüre und Berichte erfahrene Elend der Zeit des Nationalsozialismus bei der Betrachtung der eigenen Zeit gespielt haben, wenn er die Zeit des Kaiserreichs – „im Sinne des vorigen Jahrhunderts“ – mit der Zeit vergleicht, in der, wie auch immer, versucht wurde, in Deutschland eine parlamentarische Demokratie nach westlichem Muster aufzubauen? Offensichtlich greift Beuys hier auf Rudolf Steiners Aufruf *An das deutsche Volk und an die Kulturwelt* des Jahres 1919 zurück, in dem dieser die Auffassung vertrat, das 1871 gegründete Kaiserreich habe die Chance verpasst, die eigentlichen Aufgaben des „deutschen Volkes“ zu erkennen und in den Mittelpunkt seiner Politik zu stellen, und sei deshalb auch bei seinem Versuch, auf dem Wege des Krieges die Macht zu ergreifen, gescheitert. Mit dieser argumentativen Strategie griff Steiner die Demokratisierungsversuche nach dem Ende des Ersten Weltkriegs an. Es war diese grundsätzliche antiparlamentarische Haltung, die von Beuys übernommen wurde und die Grundlage seines Einsatzes für „direkte Demokratie durch Volkabstimmung“ bildete.[6]

Unverkennbar relativiert Beuys hier nicht nur ausdrücklich seine behauptete „Trauer“ am Ende des Krieges, sondern auch insgesamt den barbarischen Charakter des Nationalsozialismus, und zwar vor allem, um seiner Kritik an der repräsentativen Demokratie den größtmöglichen Nachdruck zu verleihen.

„Naziformulierungen“

> Ich hab’ doch gewußt, als ich mit meinen Ausstellungen anfing, daß das diesen Verlauf nehmen würde, daß diese ganze Scheiße herauseitern würde. Sie wird herauseitern wie eine unbewältigte Vergangenheit, könnte man sagen, die ja in uns allen drinsteckt, ich beziehe mich da immer mit ein. Ich stelle mich nicht außerhalb dieser Schwierigkeiten. Ich muss aber auch sagen, daß gerade die, die da „entartete Kunst“ hinschreiben und solche

6 Siehe ausführlicher zum Einfluss von Rudolf Steiner Kap. III.8 und IV.

> Sachen, noch geistvoller sind als die Herren Universitätsprofessoren. Denn warum melden die sich überhaupt nicht? Warum sitzen die alle immer nur da und schreiben Bücher? Wenn die Schwierigkeiten der Menschen zur Diskussion stehen, halten die doch alle die Schnauze, weil sie feige sind und konformistisch, aber nennen sich Wissenschaftler! Ich muss in diesem Zusammenhang sogar Leute nennen, die ich sonst schätze, wie Habermas beispielsweise. Wer hat sich denn gemeldet, als die Schwierigkeiten mit dem Numerus clausus auftraten? Niemand! Diese Professoren sind doch noch viel primitiver als die Leute, die sich da über meine Objekte erregen. Die sogenannten Kulturträger, die an den Schulen und Hochschulen heute die führenden Positionen haben, sind in der Mehrzahl dem Verfall ihrer Intelligenz preisgegeben, und zwar unwiderruflich, während solche Regungen, die sich in diesen Naziformulierungen äußern, nicht als unwiderruflich dastehen, sondern da kann man noch aufbauen. Man müßte diese Leute nur einmal wegbekommen von ihrem Nützlichkeitsdenken.[7]

Sieht man erst einmal über den abstoßend groben Sprachgebrauch hinweg, mit der dieser anti-intellektualistische Rundumschlag beginnt, so sind hier bei Beuys zwei Kategorien von Gegnerschaft angesprochen. Auf der einen Seite sind es solche Kritiker an seiner eigenen Arbeit, die ihm ganz im Geiste des Nationalsozialismus „Entartung“ vorwerfen würden, auf der anderen die „Herren Universitätsprofessoren“, die sich „überhaupt nicht melden.“ Hier nimmt der Leser erst einmal an, dass es sich weiterhin um die Beurteilung seiner Werke handelt. Es findet dann aber ein Blickwechsel statt, durch den Beuys verallgemeinernd auf die Probleme bei der Zulassung von Studierenden hinweist. Da wirft er den Lehrstuhlinhabern unvermittelt vor, ihn bei seinem Kampf gegen eine Beschränkung der Zulassung von Studenten zum Hochschulstudium nicht unterstützt zu haben. Die ersteren, die Nicht-Akademiker, halte er für noch belehrbar: „da kann man noch aufbauen“, die letzteren für hoffnungslos und „dem Verfall ihrer Intelligenz preisgegeben.“ Eine an Nazijargon anknüpfende Geisteshaltung war ihm in diesem Gespräch weniger suspekt als ein von ihm behauptetes Desinteresse für die Probleme rund um den „Numerus clausus“.

7 Müller: Penthouse-Interview, S. 100.

Diese Gegenüberstellung ist wenig einleuchtend und der anti-intellektuelle Appell kann wohl nur damit erklärt werden, dass Beuys auch hier für eine Unterstützung seiner Ideen bei jenen Menschen zu werben versuchte, die möglicherweise für eine solche Geisteshaltung offen waren. Allerdings wurde der 1968 eingeführte „Numerus clausus" auch von Seiten zahlreicher Lehrstuhlinhaber heftig kritisiert,[8] was zu dem Schluss führen muss, dass Beuys hier wohl eigentlich nur die eigene Position an der Kunstakademie Düsseldorf in den Jahren 1968–1972 vor Augen hatte. In diesem Zusammenhang Wissenschaftlern wie Jürgen Habermas Untätigkeit vorzuwerfen, entsprang einem besonders egozentrischen Weltbild, denn auch wenn in der Presse viel Aufhebens um den Düsseldorfer „Akademiestreit" gemacht worden war, handelte es sich doch eigentlich um einen auf die dortige Kunstakademie beschränkten Konflikt, in den sich in der Hauptsache in Düsseldorf Studierende und um Unterstützung gebetene Künstler aus dem In- und Ausland einmischten, während seine studentischen Unterstützer in der gesamten politisch aktiven Studentenschaft eher am Rande der Studentenbewegung standen.

„Unordnung"

> Die Weimarer Republik, das habe ich als ein absolutes Chaos, als eine dumpfe, impotente Zeit empfunden, so daß man eigentlich hätte denken können: Das ist endlich ein Schnitt, und jetzt kommt alles in Ordnung. Ich habe aber das, was dann kam, auch in Unordnung empfunden, eine Unordnung, die sich eigentlich nur fortsetzte, eine Unordnung im Staatlich-Politischen.[9]

8 Vgl. z. B. Andrea Westhoff: 50 Jahre Numerus Clausus. Die dauerhafte Notlösung. In: *Deutschlandfunk*, 27.03.2018. https://www.deutschlandfunk.de/50-jahre-numerus-clausus-die-dauerhafte-notloesung.871.de.html?dram:article_id=414004 (Zugriff am 23.03.2020): „1970 berichtet ein Reporter des RIAS Berlin: ‚Die Lage an den Universitäten spitzt sich zu, Sie brauchen heute nur die Zeitungen zu lesen: In Münster gibt es heute einen Streik von mehr als 20.000 Studenten, angeführt vom Rektor selbst, um damit die Öffentlichkeit auf den schlechten Ausbau, die unzulängliche Ausstattung an Personal- und Sachmitteln usw. hinzuweisen, und in Frankfurt gibt es seit gestern wieder neue, heftige Proteste gegen den Numerus clausus.'"

9 Walter Kempowski: Bei Hitlers Adjutanten gab es Apfelstrudel mit Sahne. In: *Die Zeit*, 05/1983, S. 8–9. https://www.zeit.de/1983/05/bei-hitlers-adjutanten-gab-es-apfelstrudel-mit-sahne/komplettansicht (Zugriff am 29.03.2019).

Diese Aussage stammt aus einem Gespräch, das Walter Kempowski 1983 mit Joseph Beuys führte und auf das im Weiteren noch zurückzukommen ist. Insgesamt bekommt man bei der Wiedergabe dieses Gesprächs den Eindruck, Beuys habe sich vergegenwärtigt, dass seine veröffentlichten längeren Gespräche von 1980[10] und 1982[11] durchaus fragwürdig gewirkt haben dürften. Wohl deswegen ging er nun ganz anders vor. Statt der Erinnerungen an eine Zeit der Hoffnung, mit Freiheit in der Hitlerjugend, guten Lehrern und besseren Schulbüchern, beschrieb er nun eine angeblich von frühester Zeit an vorhandene skeptische Haltung. Glaubwürdig sind diese Aussagen aber kaum. Sein Urteil über die Weimarer Republik sollte er, der 1921 Geborene, sich als 12-jähriger Schuljunge gebildet haben: „eine dumpfe, impotente Zeit". Ebenso unglaubwürdig ist die angeblich schon damals vorhandene kritische Haltung dem NS-System gegenüber: „eine Unordnung, die sich eigentlich nur fortsetzte, eine Unordnung im Staatlich-Politischen." Bemerkenswert ist vor allem, dass Beuys hier meinte oder vorgab, sich zu erinnern, dass es für ihn qua „Unordnung" eigentlich nur Kontinuität gegeben habe. Eine wirkliche Zäsur durch die Machtübernahme der rassistisch-antisemitischen, kriegsorientierten und diktatorisch regierenden NSDAP scheint hier für ihn keine wirkliche Bedeutung gehabt zu haben.

2. Schüler im Nationalsozialismus

Die NS-Zeit in Kleve im Allgemeinen

> Das ist am Niederrhein, Kleve, nahe der holländischen Grenze; insofern ist die Lage vielleicht ein Sonderfall gegenüber anderen Schulen, sagen wir mal in Berlin oder Mitteldeutschland. Diese Grenznähe ist sowieso ein Sonderfall, wo also dieser Charakter, dessen, was im Dritten Reich die Praxis war, ein bißchen modifiziert wurde. Wie immer im Lauf der Geschichte, in diesen Grenzbereichen.[12]

10 Siehe hier S. 35, Anm. 52.

11 Siehe hier S. 38.

12 Platner et al. (Hrsg.): *Schule im Dritten Reich*, S. 121.

Diese Äußerung steht fast am Anfang des Gesprächs, das Beuys 1982 mit Schülern in Kassel führte. Sie prägt den ganzen Auftritt bei den wissbegierigen jungen Menschen. Beuys formulierte, wie so oft, ziemlich vage, eher andeutend als klar beschreibend. Gleichzeitig präsentierte er sich hier mit der Formulierung „Wie immer im Lauf der Geschichte" als der erfahrene und sachkundige Historiker, der er nicht im Entferntesten war. Die Tendenz seiner Aussage war unmissverständlich: Die geografische Grenzlage sei Grund dafür, dass sich die Dinge in Kleve anders entwickelten als woanders, nämlich weniger extrem, weniger aggressiv, weniger typisch nationalsozialistisch. Diese Einschätzung spielt in vielen Äußerungen eine Rolle: Die Lehrer seien keine wirklichen Nazis gewesen und Antisemitismus habe es an seiner Schule nicht gegeben. Die Wirklichkeit sah aber ganz anders aus.

1987 erschien ein Fotoband unter dem Titel *Tausend ganz normale Jahre.*[13] Die Fotos stammten aus dem Nachlass des Klever Fotografen Otto Weber, der während der Jahre der nationalsozialistischen Herrschaft zahllose Aufnahmen des öffentlichen Lebens in der Stadt Kleve gemacht hat. Abgesehen von einem Vorwort aus der Feder des Herausgebers Hans Magnus Enzensberger enthält der Band keine Texte. In den auf die Veröffentlichung folgenden öffentlichen Debatten in der Klever Gesellschaft wurde moniert, dass keine der auf 180 Seiten gezeigten Örtlichkeiten oder Personen benannt oder kommentiert werden. Das Buch war textlos, kommentarlos, informationslos. NSDAP-Aufmärsche, dicht beflaggte Einkaufsstraßen, zugeklebte Läden von jüdischen Geschäftsinhabern, Prozessionsbilder, Schüler oder Frauen am Straßenrand mit gehobenem rechtem Arm: All das waren Bilder einer für damalige Zeiten tatsächlich normalen Kleinstadt. Nichts weist auf eine durch die Grenzlage bedingte Abmilderung der Präsenz des Nationalsozialismus hin. Eine in diesem Zusammenhang bedeutsame Äußerung fand sich im Nachlass des Fotografen Otto Weber: „Es ist eigenartig, wie selbstverständlich man in dieser Stadt mit dem Nationalsozialismus lebt."[14]

13 Hans Magnus Enzensberger (Hrsg.): *Tausend ganz normale Jahre. Ein Photoalbum des gewöhnlichen Faschismus von Otto Weber. 99 Aufnahmen in Kupfertiefdruck ausgewählt von Hildegard Weber.* Nördlingen: Greno 1987.

14 Rolf Langenhuisen: Eine Dokumentation des Mitläufertums. In: *Rund um den Schwanenturm. Zeitschrift des Klevischen Heimat- und Verkehrsvereins e. V.* 10 (März 1987), S. 26–30, hier S. 26.

Der Eindruck, den der Fotoband erweckt, wird in den Ergebnissen lokaler Forschungsarbeit bestätigt. Im Klever Stadtarchiv wird z. B. ein ‚Kopienbuch' aufbewahrt, in dem der katholische Klever Bürger Walter Haas Zeitungsausschnitte eingeklebt und mit Kommentaren versehen hat.[15] Dort findet sich zu Bildern der ersten Jahre ab 1933 die Bemerkung: „Das Stadtbild war oft geprägt von braunen Genossen in der SA-Uniform."[16] Und auch in Kleve war 1938 „das Schreckensjahr, das Terrorjahr der SS-Gewalt in der Pogromnacht mit der Judenverfolgung."[17] In den 1991 erschienenen *Beiträgen zur Geschichte der Stadt Kleve im 20. Jahrhundert*[18] spielen die Jahre des Nationalsozialismus eine große Rolle. Nirgendwo aber in den Darstellungen in diesem Buch findet man Hinweise, die auf eine besondere Grenzlage hinweisen könnten. Es wurde in Kleve nichts „modifiziert"; es handelte sich um eine Kleinstadt mit einem normalen Durchschnitt an Antisemiten, Hitler-Gläubigen und NSDAP-Begeisterten. Es gab lokale Besonderheiten, die aus der Grenzlage hervorgingen, aber diese betrafen die Tatsache, dass bei den Wahlen kurz vor und kurz nach der Machtübernahme die in den Niederlanden lebenden deutschen Wahlberechtigten am Wahltag nach Kleve reisten, was dort für eine ganz besondere Atmosphäre sorgte, da von den Niederlanden aus Sonderzüge eingesetzt wurden.[19] Bei den Kommunalwahlen vom 12. März 1933 konnte die NSDAP, wie auch in anderen Kommunen im überwiegend katholischen Rheinland, keine Mehrheit im Klever Rat zustande bringen. Nach dem Hirtenschreiben der deutschen Bischöfe vom 28. März 1933 und in der Folge des Reichskonkordats zwischen dem Vatikan und dem Deutschen Reich vom 20. Juli 1933 traten aber Ratsmitglieder der katholischen Zentrumspartei zur NSDAP über und ermöglichten damit eine absolute

15 Walter Haas: *So war es!* Kleve: Selbstverlag 2003. Stadtarchiv Kleve, Kleine Abgaben 117.

16 Ebd., S. 92.

17 Ebd., S. 104.

18 Hansjoachim Henning (Hrsg.): *Beiträge zur Geschichte der Stadt Kleve im 20. Jahrhundert.* Kleve: Stadtarchiv Kleve 1991.

19 Vgl. Helga Ullrich-Scheyda: Der Klever Bahnhof in nationalsozialistischer Zeit. In: *Rund um den Schwanenturm. Zeitschrift des Klevischen Vereins für Kultur und Geschichte e. V.* 43 (2020), S. 32–43.

nationalsozialistische Mehrheit im Stadtrat.[20] Wie auch andernorts gab es in Kleve zwar Widerstände gegen einen direkten Einfluss der NSDAP auf kirchliche Einrichtungen, aber durchaus auch Skepsis gegenüber sozialdemokratischen und kommunistischen Bestrebungen. Diese und der wie anderswo auch in der Klever katholischen Kirche traditionelle Antijudaismus[21] führten auch hier zur Bereitschaft, den Nationalsozialisten einen großen Spielraum zu gewähren.[22]

Schule und Hitlerjugend

In einem weiteren Abschnitt wird explizit auf Beuys' Äußerungen zum Schicksal jüdischer Mitschüler am von ihm besuchten Gymnasium, ab 1938 „Hindenburgschule – Staatliche Oberschule für Jungen", genommen. Hier soll es zunächst nur um jene Äußerungen gehen, die sich allgemein auf Beuys' Erinnerungen an seine Schulzeit und an die Hitlerjugend beziehen.

Schule und Schulbücher

> Wie man überhaupt sagen kann: Der Zugriff des Staats, wie er heute ist, war ja längst nicht so stark damals. Die Autonomie der Schule war relativ groß.[23]

> Nein, kann ich nicht sagen. Unsere Schulbücher, soweit ich sehen kann, waren in vieler Hinsicht besser als unsere heutigen Schulbücher. Wenn ich die Schulbücher meiner Kinder sehe, könnt' ich wirklich sagen, daß unsere Schulbücher besser waren.[24]

> [Auf die Schülerfrage, ob es in den damaligen Schulbüchern Rassenhetze gegeben habe:]

20 Vgl. Rolf Eilers: Politische Geschichte Kleves im 20. Jahrhundert. In: Henning (Hrsg.): *Beiträge zur Geschichte der Stadt Kleve im 20. Jahrhundert*, S. 11–146, hier S. 59–60.

21 Siehe hier S. 57–60.

22 Eine Erforschung der Geschichte der Stadt Kleve in der Zeit des Nationalsozialismus steht noch aus. Auf meine Initiative wird die Stadt Kleve voraussichtlich 2021 ein diesbezügliches umfangreiches Forschungsprojekt in Auftrag geben.

23 Platner et al. (Hrsg.): *Schule im Dritten Reich*, S. 123.

24 Ebd.

> Heute ist die Schule viel stärker zentralisiert und in der Hand des Staates, und in der Schule ist sehr viel weniger Eigenverantwortlichkeit der Lehrenden und Lernenden möglich. Ist doch ein verstaatlichtes Unternehmen, ist doch kommunistisch-zentralistisch unser Schulwesen – unter dem Gesichtspunkt – ist es doch bolschewisiert …[25]

Zunächst fällt bei diesen drei absurden Aussagen auf, wie Joseph Beuys seine erinnerten Gefühle und Beobachtungen unreflektiert zu rückblickend wertenden Urteilen umgestaltete und sie dann noch vor kritischen und lernbegierigen Schülern einsetzte. Er sprach über die damalige angebliche Autonomie der Schule, als hätte es die nationalsozialistische Diktatur gar nicht gegeben. Besonders erstaunlich und unpassend sind diese Aussagen, wenn man sich vergegenwärtigt, dass sich Beuys hier als Gast in einer Schule befand, während er trotz seiner zu diesem Zeitpunkt allgemeinen Bekanntheit als Künstler nicht unbedingt zu den öffentlich anerkannten Intellektuellen gehörte. Das Projekt dieser Klasse war eher ein Musterbeispiel für die Freiheit, mit der ein verantwortungsbewusster Lehrer sich engagieren konnte. Besonders irritierend ist es, dass Beuys hier für das zeitgenössische „Schulwesen“ den abqualifizierenden Begriff „bolschewisiert“ benutzt, einen Begriff, der direkt aus dem Vokabular der *Lingua Tertii Imperii*[26] stammt.[27] Beuys' Formulierung „Wie man überhaupt sagen kann“ macht deutlich, dass er in diesem Gespräch nicht nur Kleve als Ausnahme darzustellen versuchte, sondern gleichzeitig bestrebt war, ein positives Urteil über die Gesamtsituation der Schulen im Nationalsozialismus zu vermitteln.

25 Platner et al. (Hrsg.): *Schule im Dritten Reich*, S. 128.

26 Victor Klemperer: *LTI. Notizbuch eines Philologen* [1947]. Leipzig: Reclam 1996. Vgl. auch Horst Dieter Schlosser: *Sprache unterm Hakenkreuz. Eine andere Geschichte des Nationalsozialismus.* Köln / Weimar / Wien: Böhlau 2013, S. 63.

27 Die Literatur über die Schulen in der Zeit des Nationalsozialismus ist umfangreich. Genannt seien Wolfgang Keim: *Erziehung unter der Nazi-Diktatur*, Bd. I: Antidemokratische Potentiale, Machtantritt und Machtdurchsetzung; Bd. II: Kriegsvorbereitung, Krieg und Holocaust. Darmstadt: WBG 2005; Benjamin Ortmeyer: *Schulzeit unterm Hitlerbild. Analysen, Berichte, Dokumente.* Frankfurt am Main: Fischer 1996; ders.: *Indoktrination. Rassismus und Antisemitismus in der Nazi-Schülerzeitschrift „Hilf mit!“ (1933–1944). Analyse und Dokumente.* Weinheim / Basel: Beltz Juventa 2013; Saskia Müller / Benjamin Ortmeyer: *Die ideologische Ausrichtung der Lehrkräfte 1933–1945. Herrenmenschentum, Rassismus und Judenfeindschaft des Nationalsozialistischen Lehrerbundes. Eine dokumentarische Analyse des Zentralorgans des NSLB.* Weinheim / Basel: Beltz Juventa 2016.

Die Realität der Schule, auch die der Hindenburg Oberschule in Kleve, sah nachweislich wesentlich anders aus, als sie von Beuys charakterisiert wurde. Die Schule wurde ab 1935 von NSDAP-Mitglied und Studienrat Dr. Wilhelm Schiefer geleitet. Dieser wurde zwar nach dem Krieg in der Erinnerung seiner Schüler für seine Distanz zum Nationalsozialismus geschätzt,[28] es gibt aber keinen Grund, an seiner antisemitischen, antidemokratischen und völkischen Gesinnung zu zweifeln. In der Lehrerkonferenz vom 17. Dezember 1935 wurde festgehalten, welchen Weg die Schule unter seiner Leitung einschlagen sollte. Anstelle der bisherigen Vorgehensweise, bei der die Fächer einzeln angeboten wurden und der Unterricht auf fachspezifische wissenschaftliche Erkenntnisse aufgebaut war, sollte nun ein „einheitliches erziehliches Wollen“ die Leitidee bilden, und das Ziel sei ab dann: „Erziehung zum deutschen Menschen, zu deutscher Art, zu deutschem Lebensgefühl.“[29] Unter der Herausgeberschaft von Wilhelm Schiefer erschien 1938 das Schulbuch *Das Zweite Reich 1815 bis 1918*, in dem nachdrücklich gegen Liberalismus, Demokratie, „westlichen“ Einfluss und den „zersetzenden Einfluss des Judentums auf das deutsche Geistesleben“ argumentiert wird.[30]
Natürlich wurden die Schulbücher ab Januar 1933 nicht alle sofort ersetzt, aber im Allgemeinen galt für das Klever Gymnasium folgende Beobachtung: „Man trat […] von sich aus für Deutschtum, nationale Größe, Volksgemeinschaft, Wehrbereitschaft und Disziplin ein; ein

28 Vgl. Jan Coenen: Kriegsfreiwillige der Klever Oberschule. In: *Kalender für das Klever Land auf das Jahr 1998*. Kleve: Boss 1997, S. 81–82.

29 Maria Eilers: Die Stadt als Schulzentrum. In: Henning (Hrsg.): *Beiträge zur Geschichte der Stadt Kleve im 20. Jahrhundert*, S. 317–387, hier S. 357. Es fragt sich, ob nicht schon hier eine der Quellen für Beuys’ skeptische Einstellung den Naturwissenschaften gegenüber zu finden ist.

30 Wilhelm Schiefer (Hrsg.): *Deutsche Geschichte*, Bd. 4: Das Zweite Reich 1815 bis 1918. 3. Aufl. Frankfurt am Main: Diesterweg 1938, S. 15. Wilhelm Schiefer war promovierter Historiker und sowohl Herausgeber als auch Autor von Geschichtsbüchern für den Schulunterricht. Von ihm erschien z. B. *Volk und Reich der Deutschen. Geschichtsbuch für Oberschulen und Gymnasien. Klasse 7. Von der deutschen Ostsiedlung bis zu den Anfängen Bismarcks.* Bearbeitet von Oberschulrat Dr. Walter Hohmann, Magdeburg, und Oberstudiendirektor Dr. Wilhelm Schiefer, Kleve. 2. Aufl. Frankfurt am Main: Salle 1943; darin u. a. auf S. 212: „Das altgermanische Hakenkreuz machte diese völkische Bewegung zu ihrem Symbol. Gleich den Burschenschaftern, nahmen auch die Turner den Kampf gegen die Juden für die Reinhaltung des Blutes auf.“

solches Denken brauchte nicht neu eingeführt zu werden."[31] Es war denn auch ganz selbstverständlich, dass am Abend des 21. März 1933, am „Tag von Potsdam", das Klever Gymnasium – Lehrer und Schüler – sich am großen festlichen Fackelzug durch die Klever Innenstadt beteiligte.[32]

Die Lehrer

> [...] daß ich also im Vergleich zu dem, was ich an meinen Kindern erlebe, eigentlich sehr gut noch weggekommen bin in der Zeit. [...] Die Lehrer waren selbstverständlich alle Offiziere gewesen, waren vielleicht alle ein bißchen national eingestellt, aber durchaus nicht begeisterte Nazis, also eher unterschwellige Gegner – bis eben auf einige Ausnahmen [...].[33]

Was mag Beuys hier wohl bewogen haben, die gut vorbereiteten Schüler mit diesem Lob auf seine früheren Lehrer zu überraschen? Er sei „im Vergleich zu dem, was ich an meinen Kindern erlebe, eigentlich sehr gut noch weggekommen", was nicht anders verstanden werden konnte als ein negatives Urteil über die zeitgenössische Lehrerschaft. Woher nahm er hier, in einer ihm gegenüber offen eingestellten Kasseler Schule im Jahre 1982, die Sicherheit, seine damaligen Lehrer seien „vielleicht alle ein bisschen national eingestellt" gewesen, trotzdem aber „durchaus nicht begeisterte Nazis"? Was heißt für die Zeit ab 1933 „ein bisschen national"? Ein Schreiben eines seiner geliebten Lehrer, mit dem er auch nach dem Krieg Kontakt hatte, nämlich Heinrich Schönzeler, macht deutlich, was eine solche von Beuys angenommene Einstellung bedeutet haben kann. Schönzeler hatte seinen Schüler 1941 in Kleve getroffen. Anzunehmen ist, dass Beuys von der Vorausbildung in Dresden-Klotzsche nach Hause gekommen war, um danach seine offizielle Laufbahn bei der Luftwaffe in Posen anzutreten.[34] Als Abschiedsgruß schrieb ihm Schönzeler: „Seien Sie ein echter, braver

31 Eilers: Die Stadt als Schulzentrum, S. 357.

32 Vgl. ebd., S. 348.

33 Platner et al. (Hrsg.): *Schule im Dritten Reich*, S. 123.

34 Siehe hier S. 70–71, 85.

Soldat, für Deutschland, zur Freude Ihrer l. Eltern u. auch für mich."[35] Es war dieser Lehrer, der ihm nach Kriegsende, als Gefälligkeit und der Wahrheit nicht entsprechend, mit einer eidesstattlichen Erklärung bescheinigte, ein guter Schüler gewesen zu sein und die Reifeprüfung ordnungsgemäß 1941 bestanden zu haben.[36] Auch dieser Lehrer war im Ersten Weltkrieg begeisterter Frontkämpfer gewesen, wie viele andere, die noch in den dreißiger Jahren „ein bisschen national eingestellt" gewesen waren. Es gibt keinen guten Grund, anzunehmen, dass seine Einstellung sich seit 1916 geändert hätte, als er öffentlich erklärte: „Schulter an Schulter mit unseren Truppen harrt das deutsche Volk aus, fest im Vertrauen auf unseren großen Kaiser, um den ein Volk von Helden einmütig sich schart in Vertrauen und Liebe."[37] Ausführlicher lobte Beuys solche Lehrer zwei Jahre zuvor, 1980, im bereits oben zitierten Interview für die Zeitschrift *Penthouse*:

> Ich wußte natürlich, daß alles ein Ergebnis des Versailler Vertrags war. Das war mir klar, daß dieser Vertrag ein Unding war für Europa und ganz speziell auch für Deutschland, aber es war mir natürlich auch nur in der Form klar, wie es mir beigebracht wurde durch meine Lehrer, die ich verehrte, auch noch heute verehre. Das waren alles ehemalige Offiziere, die hatten alle irgendwo ein Bein ab oder die Hand, was weiß ich, die waren schwer angeschlagen, seelisch, psychisch und körperlich. Dadurch waren sie natürlich für uns Kinder als Vorbilder sehr gut geeignet, denn Sie wissen ja, Kinder haben eine Menge Vorstellungskräfte, auch Devotions- und Verehrungskräfte. Also da war immer was los, wenn die von ihren Kriegsabenteuern erzählten.[38]

35 Das Schreiben befindet ich im Joseph Beuys Archiv der Stiftung Museum Schloss Moyland und wurde 2016 veröffentlicht. Vgl. Helga Ullrich-Scheyda: Dr. Heinrich Schönzeler. In: *Rund um den Schwanenturm. Zeitschrift des Klevischen Vereins für Kultur und Geschichte e. V.* 40 (2016), S. 21–27.

36 In der ‚Eidesstattlichen Erklärung' vom 10. März 1950 hielt Schönzeler Folgendes fest: „Er verließ die Anstalt Ostern 1941 mit dem Reifevermerk. Die Unterlagen für die einzelnen Prädikate sind verloren gegangen. Jedoch bezeuge ich, dass er ein intelligenter, für alle Gebiete aufgeschlossener Schüler war." Die Qualifizierungen ‚intelligent' und ‚für alle Gebiete aufgeschlossen' stimmten wohl mit der Wirklichkeit überein. Dass Beuys' reale Leistungen aber nicht ausgereicht hatten, um 1940 in die Abiturklasse versetzt zu werden, wird mit dieser Formulierung geschickt verdeckt. Vgl. Riegel: *Beuys*, erw. Neuausgabe 2018, Bd. 3, S. 47–48.

37 Eilers: Die Stadt als Schulzentrum, S. 355.

38 Müller: Penthouse-Interview, S. 98.

Unklar blieb, was denn genau die guten Qualitäten als Lehrer ausmachten, so gute Qualitäten, dass er sich glücklich pries, nicht die Lehrer seiner Kinder gehabt zu haben. Man darf wohl nicht annehmen, dass er gerade die von ihm genannten Merkmale „schwer angeschlagen, seelisch, psychisch und körperlich" gemeint haben sollte. Der bereits vorher genannte Schulleiter ab 1935, Dr. Wilhelm Schiefer, unterrichtete Geschichte, Erdkunde, Latein und Griechisch. Namentlich in seinem Geschichtsunterricht wird er aus seiner Gesinnung kein Geheimnis gemacht haben. Aus den von ihm verfassten oder herausgegebenen Lehrbüchern für das Fach Geschichte geht ein Geschichtsbild hervor, das sich nicht vom nationalsozialistischen unterscheiden lässt: konservativ-staatsautoritär, antiliberal und antisemitisch. Auch kriegsvorbereitende Inhalte hielten Einzug in den Unterricht. Im Jahresbericht der Hindenburg Oberschule für das Schuljahr 1935/36 wird z. B. folgende Aufgabe erwähnt:

> Von einem mit der Geschwindigkeit 80 m/sek waagerecht fliegenden Flugzeug wird aus 1500 m Höhe eine Bombe abgeworfen. a) Wie groß ist die Fallzeit der Bombe? b) Wo trifft sie den Erdboden? c) Unter welchem Winkel? d) Wie groß ist die Geschwindigkeit der Bombe beim Auftreffen? (Der Luftwiderstand bleibt unberücksichtigt.)[39]

Nach seinem Amtsantritt verkündete der Schulleiter in der Allgemeinen Schulkonferenz die neue Zielrichtung seiner Oberschule: „einheitliches erziehliches Wollen: Erziehung zum deutschen Menschen, zu deutscher Art, zu deutschem Lebensgefühl."[40] Bei den Fächern Deutschkunde und Geschichte sei das Ziel, eine „volkhafte, geistigwehrhafte Gesinnung"[41] zu bewirken. Seine spätere, eher im Privaten geäußerte Skepsis der Kriegspolitik des NS-Regimes gegenüber äußerte sich allerdings auch damals schon, denn er warnte in dieser Konferenz vor „geopolitischen Phantastereien".[42]

39 Zit. n. Gieseke / Markert: *Flieger, Filz und Vaterland,* S. 42.
40 Wilhelm Schiefer zit. n. Eilers: Die Stadt als Schulzentrum, S. 357.
41 Ebd.
42 Ebd.

Hanns Schwarz

Ein besonderer Fall unter den Lehrern war der 1883 geborene Musiklehrer Hanns Schwarz. Dieser trat schon im Sommer 1932 aus Begeisterung für den Nationalsozialismus in die NSDAP ein. Er wurde Mitglied zahlreicher NS-Verbände. Für seine Position in Kleve waren zumindest folgende Funktionen von Bedeutung: Hauptgefolgschaftsführer und Kulturzellenleiter beim HJ Bann 238, Musiklehrer am Gymnasium, Leiter des Gymnasialorchesters (später Bann-Orchester der HJ), außerdem Leiter des Städtischen Singvereins, des Schwarzen Frauenchors und des Männergesangsvereins Germania, Vertrauensmann im NS-Lehrerbund,[43] NSDAP-Kreiskulturwart und Führerstellvertreter des Heimatbundes.[44]

> Ich erinnere mich sehr gut an den Tag. Unser Musiklehrer, Hanns Schwarz, kam herein und verkündete stolz dies Ereignis, die Machtübernahme, und er hat da so 'ne kleine Feierstunde draus gemacht. – Ich habe das als eine Mischung zwischen katastrophal und bedrückend empfunden. Ich sah diesen Musiklehrer, der stolz da in die Klasse kommt, und ich habe das Gefühl gehabt, daß das jetzt, was hier so von dem Musiklehrer vorgetragen wurde, vom ‚Einschnitt in die Geschichte', wo es nun endlich aufwärts geht, daß ich daran nicht glauben kann. Ich habe von diesem Ereignis nicht gedacht, daß es aus der Katastrophe herausführt.[45]

Wie schon vorher allgemein zu Beuys' Äußerungen im Gespräch mit Walter Kempowski von 1983 angemerkt wurde, ist es nicht besonders glaubhaft, dass Beuys hier die Gefühle eines damals 12-Jährigen wiedergab. Im hiesigen Zusammenhang ist aber wichtig, dass Beuys hier nachdrücklich die nationalsozialistische Gesinnung des Musiklehrers hervorhebt. Darüber gab es also bei ihm, auch in den frühen 1980er Jahren, nicht den geringsten Zweifel.

43 Zum NS-Lehrerbund vgl. Müller / Ortmeyer: *Die ideologische Ausrichtung der Lehrkräfte.*

44 Vgl. dazu u.a. Siegfried Hohstadt: Nicht marschieren, sondern musizieren. Erinnerungen an das Jugendbannorchester im „Dritten Reich". In: *Forum 6. Freiherr-vom-Stein-Gymnasium. Kleve. 1817–1992. Festausgabe zum 175jährigen Bestehen.* Kleve: o.V. 1992, S. 63–68. Hohstadt neigt allerdings sehr dazu, die Rolle von Schwarz zu verharmlosen, was schon aus dem Begriff „Jugendbannorchester" (statt HJ-Bannorchester) hervorgeht.

45 Kempowski: Hitlers Adjutanten.

> In den Jahren, kurz bevor ich dann freiwillig in den Krieg gezogen bin, gab's einen einzigen Lehrer, der in Uniform herumlief, allerdings nicht zur Freude der Kollegen. Der hatte einen ziemlich schweren Stand, das war der Musiklehrer, der dirigierte auch ein sogenanntes Bann-Orchester.[46]

Seltsam an dieser 1982 gemachten Aussage ist, dass Beuys hier das nationalsozialistische Engagement des von ihm sehr geschätzten Musiklehrers Schwarz gewissermaßen hervorhebt, um die anderen Lehrer als Nazi-Skeptiker darzustellen. Regelrecht erstaunlich ist es dann, dass er hier nicht erwähnt, selbst als Cellospieler Teil dieses Bann-Orchesters gewesen zu sein. Man bekommt den Eindruck, dass er die Bedeutung mit der Formulierung „ein sogenanntes Bann-Orchester" eher zu etwas auch für ihn Nebensächlichem herunterspielt.

> [...] denn auch dieser Lehrer in Uniform war kein schlechter Lehrer, zum Beispiel dieser Musiklehrer, an den muß ich noch sehr oft denken, der wollte wahrscheinlich vorankommen. Er war sehr befreundet mit Elly Ney, der Pianistin, die ja auch im Dritten Reich sehr viele Konzerte gegeben hat, die wahrscheinlich keine grundsätzliche Gegnerin dieses Hitlertums war, aber auch keine, sagen wir mal, ausgesprochene Befürworterin. Von diesem Musiklehrer konnte man fachlich sehr gut lernen. Was also an Mißtrauen da war gegenüber solchen Lehrern in Bezug auf ihren parteipolitischen Fanatismus, das wurde ausgeglichen durch den interessanten Unterricht und durch die Sonderveranstaltungen an Nachmittagen. Konzerte, Theater, Schauspiele, alles von diesem Lehrer, das war ein sehr aktiver Lehrer, der an und für sich von der Sache her sehr fähig war. Er ist übrigens nach dem Krieg wieder auf der Musikhochschule in Detmold gewesen, das heißt, er hat die Entnazifizierung gut überstanden. Er hat sich nichts zuschulden kommen lassen, sonst wäre er ja nicht wieder an einer deutschen Hochschule Professor geworden.[47]

Besonders nachdrücklich hat Beuys hier auf die besonderen Qualitäten seines Musiklehrers hingewiesen: „kein schlechter Lehrer", „konnte man fachlich sehr gut lernen", „den interessanten Unterricht",

46 Platner et al. (Hrsg.): *Schule im Dritten Reich*, S. 122.
47 Ebd., S. 124.

„das war ein sehr aktiver Lehrer, der an und für sich von der Sache her sehr fähig war". Dem steht in dieser Aussage nicht dessen tatsächliches Auftreten als Propagandist des Nationalsozialismus an der Schule gegenüber, sondern nur ein „Misstrauen [...] gegenüber solchen Lehrern in Bezug auf ihren parteipolitischen Fanatismus". Allerdings wird das nationalsozialistische Engagement dann wieder als opportunistisch abgeschwächt mit der Formulierung: „der wollte wahrscheinlich vorankommen". Das von Beuys dann behauptete „Misstrauen" im Lehrerkollegium fiel für ihn selbst auch nach Jahrzehnten nicht ins Gewicht. Im Gegenteil, nach Auffassung von Beuys habe eine gelungene Entnazifizierung klar bewiesen, dass Schwarz „sich nichts [habe] zuschulden kommen lassen".[48] Also auf der einen Seite gestand Beuys ein, dieser Lehrer sei in Uniform in die Schule gekommen, habe die Machtübernahme 1933 den Schülern als positives Ereignis darzulegen versucht und sei wegen der Offenheit, mit der er seine nationalsozialistische Gesinnung zur Schau gestellt habe, nicht sehr gelitten gewesen. Auf der anderen Seite meinte er, wer gut durch die Entnazifizierung gekommen sei, habe sich „nichts zuschulden kommen lassen." Die wichtige, obwohl unbeantwortbare Frage muss hier formuliert werden, wo für Beuys die Grenze zwischen Schuld und Unschuld gelegen hat. Es muss Beuys nicht bekannt oder erinnerlich gewesen sein, dass es gerade der Lehrer Hanns Schwarz gewesen war, der durch sein aktives antisemitisches Auftreten einen der letzten jüdischen Schüler von der Schule hatte flüchten lassen, aber seine offene antisemitische Gesinnung wird dieser Lehrer wohl kaum vor seinen Schülern versteckt haben.

Auf zwei Aspekte sei hier noch hingewiesen: Zunächst auf die Tatsache, dass der bereits genannte Lehrer Heinrich Schönzeler nach Kriegsende, im Verfahren um die Ruhegeldansprüche des Musiklehrers Schwarz, diesem einen ihn quasi reinwaschenden ‚Persilschein' ausgestellt hat. Im Entnazifizierungsverfahren wurde Schwarz zunächst kein Ruhegehalt zuerkannt. Zu schwer lasteten vor allem der frühe, damals gesetzeswidrige Eintritt in die NSDAP und die Denunzierung zweier Kollegen auf ihm. Erst im Berufungsverfahren erfuhr Schwarz ein gewisses Entgegenkommen. Die von Schönzeler

48 In Wirklichkeit hat Schwarz nie wieder die Erlaubnis bekommen, seinen Beruf erneut auszuüben. Vgl. die folgende Anm.

mitgetragene Zeugenerklärung dazu lautete, „dass der Beschwerdeführer zwar Aktivist, aber ungefährlich gewesen sei“[49].

Dann ist noch die Frage zu klären, warum Beuys hier auf die Freundschaft zwischen Schwarz und Elly Ney hingewiesen hat. Es gibt nicht den geringsten Zweifel daran, dass die Pianistin Elly Ney damals nicht nur eine erfolgreiche Beethoven-Interpretin war, sondern auch eine überzeugte Anhängerin Hitlers und seiner Ideologie.[50] In einem privaten Brief schrieb sie 1933:

> Eben hörte [ich] Hitler 45 Minuten sprechen. Bin tief erschüttert. Eine ungeheure Gewalt. Lies die Rede! … Das ist Wahrheit einer tief empfindenden und entflammten Menschenseele. Hitler sprach mir aus der Seele über die Kunst. … Endlich wird es ausgesprochen und wird die Bahn frei.[51]

Es muss auch damals klar ersichtlich gewesen sein, dass Ney eine gefeierte Pianistin war, und ihre Freundschaft mit Schwarz unabhängig von ihrer ideologischen Ausrichtung zu betrachten, muss zumindest als abenteuerlich angesehen werden. Es hat hier eher den Anschein, dass die relativierende Bemerkung über Ney dazu dienen sollte, auch den ehemaligen Lehrer in einem weniger negativen Licht erscheinen zu lassen.

> Nach ’33 kam dieser Lehrer fast immer in Uniform. Ich habe ihn aber nachher noch besucht nach dem Kriege, weil ich sehr an ihm hing.[52]

Vielleicht könnte man einem ehemaligen Lehrer gegenüber eine solche Anhänglichkeit sogar schätzen oder wenigstens akzeptieren, aber im Rahmen des Versuchs, die Biografie von Schwarz zu schönen, ist sie doch mehr als fragwürdig.[53]

49 Entnazifizierungsakten Hanns Schwarz: LAV NRW R, NW 1032 Nr. 308; ich danke der Historikerin Helga Ullrich-Scheyda für ihren Hinweis darauf in einer E-Mail vom 08.04.2020.

50 Elly Ney erntete sogar die spottende Bezeichnung „Reichsklaviermutter“. Vgl. Schlosser: *Sprache unterm Hakenkreuz*, S. 281.

51 Zit. n. *Wikipedia*-Eintrag zu Elly Ney: https://de.wikipedia.org/wiki/Elly_Ney (Zugriff am 31.03.2020).

52 Kempowski: Hitlers Adjutanten.

53 Im Übrigen war Beuys nach Kriegsende auch ansonsten ohne Vorbehalte gegenüber ehemaligen überzeugten Nazis. Darauf hat Hans Peter Riegel in seiner Beuys-Biografie zu Recht mehrfach hingewiesen: Riegel: *Beuys*, S. 357 u. a.

Jüdische Schüler – Einleitende Bemerkungen

Zunächst sei angemerkt, dass im Folgenden die Begriffe ‚jüdisch' und ‚Jude' nicht kritisch, sondern nach der damaligen und auch heute noch weitgehend gängigen Praxis angewandt werden. Es wird also nicht unterschieden zwischen Menschen, für die die jüdische Identität selbstverständlich war, entweder aus religiösen, ethnischen oder auch kulturhistorischen Gründen, und solchen, die sich keineswegs primär mit einem wie auch immer aufgefassten Judentum identifizierten. Noch immer gedenkt man heute der ‚jüdischen' Opfer des Nationalsozialismus, obwohl sehr viele von diesen Menschen erst aufgrund der Nürnberger Rassengesetze von 1935 eine ‚jüdische' Identität zwangsweise auferlegt bekamen.[54]

Bei der Frage nach dem Verhältnis von Joseph Beuys zu Judentum und Antisemitismus müssen einige grundlegende Umstände berücksichtigt werden. Da ist zunächst die auch in Kleve heimische Tradition des christlichen Antijudaismus. Wenn auch im Allgemeinen die seit dem 17. Jahrhundert in Kleve existierende jüdische Gemeinschaft durchaus als akzeptiert und auch integriert galt,[55] war die religiös-ideologische Distanz, wie sie namentlich von Seiten der katholischen Kirche gepflegt wurde, erheblich. Am besten lässt sich das an der Karfreitagsliturgie dokumentieren. Während der Messe zum Leiden und Sterben Jesu am Kreuz wird nach der Schriftlesung eine Reihe von sogenannten Großen Fürbitten ausgesprochen. Diese betreffen nacheinander: die Kirche und ihre Anliegen im Allgemeinen, den Papst, die Stände der Kirche, die am Katechismus beteiligten Kinder, die Einheit der Kirche, die Juden, die Gläubigen anderer Religionen, alle nicht Gottesgläubigen, die Regierenden, die Notleidenden. Bei jeder Fürbitte kniet die ganze Gemeinde bei den Worten „Beuget die Knie" nieder, betet im Stillen, und steht beim „Erhebet Euch" wieder auf. Nur bei der Großen Fürbitte für die Juden (und ihre Bekehrung!) entfiel dieses Ritual. Erst 1956 wurde der Kniefall auch für die Juden Teil der Liturgie. Die demonstrative Ausnahme für „die Juden" war also auch in Kleve während Kindheit und Jugend von Beuys ein fester Teil der

54 Dieses Gedenken setzt somit unbeabsichtigt und unreflektiert die Tradition einer Zuordnung, wenn nicht nach Rassen-, dann doch nach Abstimmungskriterien fort.

55 Vgl. Wolfgang Krebs: *Juden in Kleve. Spuren einer verlorenen Vergangenheit.* Kleve: Verlag für Kultur und Technik 1993.

Erziehung katholischer Kinder und Jugendlicher.[56] Ein enger Schulgefährte von Beuys an der Hindenburg Oberschule, Wilhelm van den Boom (1921–2019), konnte sich noch 2008 gut an die Wirkung der Liturgie auf Kinder erinnern: „Für den Antisemitismus brauchten wir nicht erst die Nazis, dafür hatten wir schon die Kirche."[57] Der eigene Antijudaismus war im Übrigen so sehr selbstverständlicher Teil des niederrheinischen Katholizismus, dass man auch noch lange nach dem Krieg in Kleve dem Bischof Graf August von Galen öffentlich bescheinigte, er sei ein „Verteidiger der Menschenwürde" gewesen, obwohl er 1941 bei seiner Predigt gegen die Euthanasie argumentierte, man solle auf die Gebote Gottes hören, sonst würde es den „deutschen Männern und Frauen" so ergehen wie den Juden, die ja Christus nicht hätten anerkennen wollen. Damit wurde die antisemitische und rassistische Verfolgung des jüdischen Teils der Bevölkerung regelrecht gerechtfertigt.[58] Im Übrigen war auch unter den evangelischen Christen in

56 Vgl. Karfreitagsfürbitte für die Juden. In: *Wikipedia*, o. D. https://de.wikipedia.org/wiki/Karfreitagsf%C3%BCrbitte_f%C3%BCr_die_Juden; Feier vom Leiden und Sterben Christi. In: *Wikipedia*, o. D. https://de.wikipedia.org/wiki/Feier_vom_Leiden_und_Sterben_Christi (Zugriffe am 10.03.2020).

57 Von mir mit Wilhelm van den Boom geführtes Gespräch, Kleve, 04.05.2008.

58 In Kleve wurde in der Nachkriegszeit in der Nähe der wiederaufgebauten Propstei- und Stiftskirche Sankt Mariä Himmelfahrt eine Straße nach Clemens August von Galen benannt. Die Namensschilder wurden ergänzt um ein Kommentarschild, auf dem der berühmte Prediger gegen die Euthanasie ein „Verteidiger der Menschenwürde in Zeiten der Gewaltherrschaft" genannt wird, obwohl von Galen die Verfolgung der Juden 1941 in seiner berühmten Anti-Euthanasiepredigt noch als gerechte Strafe Gottes für ihre Nicht-Annahme des Christlichen Glaubens dargestellt und die „deutschen Männer und Frauen" damit vor Ungehorsam gegen die Lehre der Kirche gewarnt hatte. Wortwörtlich heißt es in der Predigt vom 3. August 1941: „Christen von Münster! Hat der Sohn Gottes in seiner Allwissenheit damals nur Jerusalem und sein Volk gesehen? Hat er nur über Jerusalem geweint? Ist das Volk Israel das einzige Volk, das Gott mit Vatersorge und Mutterliebe umgeben, beschützt, an sich gezogen hat? Und das nicht gewollt hat? Das Gottes Wahrheit abgelehnt, Gottes Gesetz von sich geworfen und so sich ins Verderben gestürzt hat?" (Die gesamte Predigt in: *Kirche + Leben*, o. D. https://www.kirche-und-leben.de/artikel/predigten-von-kardinal-von-galen (Zugriff am 03.11.2020).) Weitere Belege für die Instrumentalisierung des tradierten Antijudaismus in den Predigten von Galens während der NS-Zeit finden sich in Werner Teuber / Gertrud Seelhorst: „Die christliche Frohbotschaft ist die von Gott den Menschen aller Rassen geschenkte unveränderliche Wahrheit." Der deutsche Episkopat, der Bischof von Münster und die Juden. In: Joachim Kuropka (Hrsg.): *Clemens August Graf von Galen. Neue Forschungen zum Leben und Wirken des Bischofs von Münster*. Münster: Regensberg 1992, S. 221–244, bes. S. 233, wo von „verblendeten Juden" und „entarteten Juden" in den Predigten von Galens die Rede ist.

Kleve der Antijudaismus keine Seltenheit. Auch hier formierten sich die nationalsozialistisch orientierten Deutschen Christen[59] zu einer eigenen Gruppe, die sich in einem der traditionsreichen Kirchengebäude der Stadt einrichten konnte. Es gibt darüber hinaus keinen Grund, anzunehmen, dass die Klever Bevölkerung im Hinblick auf das in ganz Deutschland weit verbreitete Desinteresse am Schicksal der Juden und die ebenso weit verbreitete stillschweigende Akzeptanz des staatlichen Antisemitismus eine Ausnahme bildete.[60]
Die Nähe zwischen dem katholischen Teil der Klever Bevölkerung und den Nationalsozialisten zeigte sich, als nach der Kommunalwahl vom 12. März 1933 die NSDAP 29,9 % der Stimmen erlangte und das katholische Zentrum 50,8 %. Als dann am 28. März die Erklärung der deutschen Bischöfe zur Zusammenarbeit mit den Nationalsozialisten aufrief,[61] traten 4 Stadtverordnete der Zentrumspartei zur

Für die allgemeine Akzeptanz des Antisemitismus in der katholischen Kirche in Deutschland ist der Fall des oberbayrischen Theologen und Dogmatikers Michael Schmaus (1897–1993) bezeichnend, der 1933 die Schrift *Begegnungen zwischen katholischem Christentum und nationalsozialistischer Weltanschauung* (Münster: Aschendorff 1933) veröffentlichte, den Text einer im selben Jahr an der Universität in Münster gehaltenen Rede. In ihr beschrieb er das nun entstehende „Reich" als „Opfergemeinschaft von unerschütterlich in Gott gegründeten, aus dem deutschen Volkstum genährten, demütig auf Gott vertrauenden, ihrer Verantwortung bewußten, von Christus geformten deutschen Menschen" (ebd., S. 46). In seiner 1941 erschienenen *Katholischen Dogmatik* bezeichnete er „die Juden" als „Knechte des Teufels" (Michael Schmaus. In: *Jewiki*, o. D. https://www.jewiki.net/wiki/Michael_Schmaus (Zugriff am 03.11.2020)). 1968 wurde er mit dem Großen Verdienstkreuz der Bundesrepublik Deutschland ausgezeichnet.

59 Vgl. dazu v. a. Susannah Heschel: Deutsche Theologen für Hitler. Walter Grundmann und das „Eisenacher Institut zur Erforschung und Beseitigung des jüdischen Einflusses auf das deutsche kirchliche Leben". In: Fritz Bauer Institut (Hrsg.): *„Beseitigung des jüdischen Einflusses …" Antisemitische Forschung, Eliten und Karrieren im Nationalsozialismus.* Frankfurt am Main / New York: Campus 1999, S. 147–168; Birgit Gregor: Zum protestantischen Antisemitismus. Evangelische Kirchen und Theologen in der Zeit des Nationalsozialismus. In: Ebd., S. 171–200.

60 Vgl. dazu z. B. Robert Gellaty: *Hingeschaut und weggesehen. Hitler und sein Volk.* Stuttgart / München: DVA 2002, S. 29–30, 41, 43, 53; Saul Friedländer: *Das Dritte Reich und die Juden*, Bd. 1: Die Jahre der Verfolgung 1933–1939. München: Beck 2007, S. 348.

61 Vgl. für den Treueeid des für Kleve zuständigen Bischofs von Galen: Stefan Rahner / Franz-Helmut Richter / Stefan Riese / Dirk Stelter: *„Treu deutsch sind wir – wir sind auch treu katholisch." Kardinal von Galen und das Dritte Reich.* Münster: Wurf 1987, S. 26–27.

Fraktion der NSDAP über, die nun die Mehrheit im Rat der Stadt innehatte.[62] Auch der Antisemitismus war in Kleve unübersehbar vorhanden. Ab Februar 1933 waren die öffentlichen antisemitischen Aktionen auch in Kleve an der Tagesordnung. Es kann kaum jemandem verborgen geblieben sein, wie die SA in Kleve wütete, von Boykott-Aktionen vor jüdischen Geschäften bis hin zur öffentlichen Verspottung eines jungen „gemischten" („jüdisch-arischen") Liebespaars.[63] Mag Beuys 1933 für eine aktive Teilnahme noch reichlich jung gewesen sein – er wurde, wie bereits erwähnt, als HJ-Mitglied sozialisiert, so dass er mit dem antisemitischen Liedgut vertraut gewesen sein wird[64] und auch die antisemitische Hetze im Rahmen der Karnevalszüge miterlebt haben muss. Im Übrigen war die HJ auch in Kleve am Tag nach der Zerstörung der Synagoge, am 10. November 1938, aktiv an gewalttätigen antisemitischen Krawallen beteiligt. Auch wenn Beuys selbst nicht beteiligt gewesen sein sollte, so ist es völlig unmöglich, dass er von diesen Ereignissen nichts mitbekommen hätte. Und wie oben dargelegt, war auch die Hindenburg Oberschule, auch was den Antisemitismus betrifft, alles andere als eine humane Ausnahme.

Jüdische Schüler – Die Einzelschicksale

> Ja, ein, zwei Fälle kenne ich von jüdischen Schülern; jüdische Lehrer waren nicht da, aber in der sogenannten Kristallnacht wurde ja auch in Kleve die Synagoge niedergebrannt, und danach verschwanden zwei Schüler von der Schule, zwei jüdische Schüler. Das waren Söhne von Juden, die so kleinere Kaufhäuser hatten, Textilkaufhäuser; die verschwanden dann. [...] Ja, die sind nach Amerika gegangen. Also, es war noch so, daß sie nichts mehr von den Schweinereien da mitgekriegt haben, also eingesperrt worden sind. Die haben den Braten früh noch gerochen, die sind nach Amerika gegangen.[65]

Beuys formulierte dies in der Begegnung mit gut auf das Gespräch vorbereiteten Schülern.[66] Er war nach der Position von jüdischen Lehrern an seiner Schule in Kleve gefragt worden. Unmissverständlich

62 Eilers: Politische Geschichte Kleves, S. 58–60.

63 Vgl. ebd., S. 53, 75–78.

64 Siehe hier S. 66–67.

65 Platner et al. (Hrsg.): *Schule im Dritten Reich*, S. 122.

66 Siehe hier S. 38.

erweckt Beuys hier den Eindruck, als habe es antisemitische Vorfälle an seiner Schule nie gegeben und als seien die jüdischen Schüler, an die er sich erinnerte, nur durch außerschulische Umstände von der Schule verschwunden.

Nun, wenn man „den Braten gerochen hat", weiß man, dass etwas zu lange auf dem Herd steht und das köstliche Fleisch zu verbrennen droht, und man kann tatsächlich noch eingreifen, bevor es zu spät ist. Insofern scheint das Bild stimmig. Für jeden empfindlichen Menschen aber ist das Bild des anbrennenden Fleisches im Falle der aus antisemitischen Gründen Ausgegrenzten, von denen so vielen tatsächlich die Verbrennung bevorstand, nicht gerade mit Empathie gewählt. Das von Beuys geschilderte weitere Schicksal der betroffenen Familien war aber in Wirklichkeit ganz anders.

An das Brennen der Synagoge konnte er sich gewiss erinnern, denn die Hitlerjugend war ja wie überall sonst auch in Kleve geradezu dazu aufgerufen worden, sich anschließend an die Zerstörung der Synagoge an der Hetze gegen jüdische Geschäftsleute zu beteiligen. Erstaunlich ist aber, dass Beuys hier das Schicksal der Familien seiner jüdischen Mitschüler zeitlich mit dem Synagogenbrand vom 9. November 1938 assoziiert und den Eindruck erweckt, als hätten die Klever Juden zuvor keine Akte der Verfolgung erfahren! Auch in Kleve fing die offene Pogromstimmung aber bereits Ende Februar 1933 in Folge des Reichstagsbrandes an, und auch hier gab es damals schon zahlreiche antisemitische Übergriffe. Die ganze Darstellung ist, was die zeitlichen Abläufe und die Verknüpfung mit dem Synagogenbrand betrifft, höchst seltsam, denn bereits im Herbst 1934 verschwand aus den im Folgenden beschriebenen Gründen der letzte der jüdischen Mitschüler von der Hindenburg Oberschule.

Darüber hinaus war das wirkliche Schicksal unzählbarer Jüdinnen und Juden, und auch vieler von ihnen aus Kleve, bekanntlich ganz anders und unermesslich schlimmer, als wie Beuys es hier formulierte: „dass sie nichts mehr von den Schweinereien da mitgekriegt haben, also eingesperrt worden sind." Die entsetzlichen Erfahrungen, die auch die Klever Jüdinnen und Juden haben machen müssen, werden hier von Beuys hinter den Worten ‚Schweinereien' und ‚eingesperrt' versteckt und auf absurde Weise verharmlost, als habe er den ihm zuhörenden Kasseler Schülern die Benennung der Wirklichkeit ersparen oder sich selbst in dieser Situation nicht mit der Realität auseinandersetzen wollen.

Befremdlich ist auch, dass Beuys seine Antwort mit der Formulierung „ein, zwei Fälle" beginnt, dann aber genau zwei Schicksale anspricht. Es klingt wie eine beschönigende Einleitung: Es habe sich ja nur um „ein, zwei Fälle" gehandelt, also um nur ganz wenige …

Es ist bemerkenswert, dass Beuys sich an genau zwei jüdische Mitschüler erinnert und auch noch zu berichten weiß, dass diese im Ausland überlebt hätten, was tatsächlich stimmt. Woher er diese Information hatte, ist bisher ungeklärt. Diese Äußerung macht es wahrscheinlich, dass im Kleve der Nachkriegsjahre darüber gesprochen wurde. Über das Schicksal der Eltern war Beuys aber offensichtlich gar nicht informiert, denn anders als er in Kassel suggerierte, wurden sie alle Opfer der Shoa.

Was das konkrete Schicksal jüdischer Schüler auf dem Klever Gymnasium[67] betrifft, ergibt die historische Forschung ein ganz anderes Bild der Umstände und der Abläufe, als es Beuys 1982 darstellte. Selbstverständlich kann man Beuys keinen Vorwurf daraus machen, dass er die weiteren Schicksale der jüdischen Schüler seines Gymnasiums und die ihrer Eltern nicht kannte, aber die Sicherheit, mit der er den guten Ausgang ihrer Geschichten behauptete, belegt zumindest sein Bestreben, die eigenen Kindheits- und Jugenderlebnisse im Allgemeinen in einem positiven Licht erscheinen zu lassen. Es müssen hier deshalb die realen Schicksale kurz vorgestellt werden.

Der Vater des Mitschülers Ernst Leffmann war ehemaliger Frontkämpfer und empfand sich selbst als durch und durch „deutsch" und „vaterländisch".[68] Er konnte nicht akzeptieren oder einsehen, dass auch seine Zeit in Kleve zu Ende ging, und versuchte hartnäckig, sein Bekleidungsgeschäft am Leben zu erhalten, das er aber letztlich doch 1938 nach schlimmsten tätlichen Angriffen schließen musste. Ernst verließ schon 1934 das Klever Gymnasium, weil das Klima in

67 Seit 1919 hieß die Schule „Staatliches Gymnasium", 1938 wurde sie in „Hindenburgschule – Staatliche Oberschule für Jungen" umbenannt. Vgl. Nils Looschelders: Chronologische Übersicht zur Schulgeschichte. In: Freiherr-vom-Stein-Gymnasium (Hrsg.): *1817–2017. Festschrift zur 200-Jahr-Feier des Freiherr-vom-Stein-Gymnasiums.* Kleve: Freiherr-vom-Stein-Gymnasium 2017, S. 11–12.

68 Information des Zeitzeugen Wilhelm van den Boom, der mit Beuys die Hindenburg-Oberschule in Kleve besuchte und dessen Vater mit dem Vater von Ernst Leffmann befreundet war. Vgl. Gespräch mit van den Boom, 04.05.2008.

seiner Klasse, nicht zuletzt durch die Anfeindungen von Seiten des in Nazi-Uniform unterrichtenden Klassenlehrers Hanns Schwarz, unerträglich für ihn wurde.[69] Es sei hier nochmal daran erinnert, dass dieser Lehrer von Beuys auch nach dem Krieg noch „verehrt“ wurde.[70]
Auch die Eltern von Edgar Mayer betrieben ein Bekleidungsgeschäft. Es nannte sich „Großes Spezialhaus für gute Qualitätskleidung“. Bereits 1934 hatte die antisemitische Hetze dem Geschäft dermaßen geschadet, dass Konkurs angemeldet werden musste. Im selben Jahr hatten sie ihren Sohn Rolf für das Gymnasium angemeldet. Er wurde aber abgelehnt, „da die zugelassene Zahl der Nicht-Arier bereits überschritten“[71] gewesen sei. Wenig später musste sein älterer Bruder Edgar das Gymnasium verlassen, als allerletzter der jüdischen Schüler, am 13. September 1934 und nicht erst 1938, als die Synagoge brannte, und also lange bevor es den Schulen 1938 per Gesetz untersagt wurde, jüdische Schüler zum Unterricht zuzulassen.[72]
Dann gab es noch die beiden Brüder Sucher, deren Eltern ein Textilgeschäft in Kleve besaßen. Alfred, der ältere, hatte noch 1932 sein Abitur ablegen können, aber sein jüngerer Bruder Kurt wurde bereits 1933 gezwungen, das Gymnasium vorzeitig zu verlassen.[73]
Tatsächlich fanden alle genannten Jungen noch rechtzeitig ein Schlupfloch in die Freiheit. Das Schicksal der Eltern steht aber in krassem Gegensatz zu dem von Beuys heraufbeschworenen Bild von Menschen, die früh genug entkommen seien: Die Eltern von Ernst Leffmann wurden 1941, nach einem erzwungenen Verbleib im Klever „Judenhaus“, ins Ghetto Łódź deportiert. Im darauffolgenden Jahr landeten sie im Vernichtungslager Chelmno, wo sie ermordet wurden.[74] Edgars Eltern mussten 1937 ihr Haus verkaufen und flüchteten im September desselben Jahres nach Luxemburg, wo der Vater kurze Zeit später

69 Vgl. ebd.

70 Siehe hier S. 52–56.

71 Nils Looschelders: Erinnerung an einen vergessenen jüdischen Schüler unserer Schule: Ernst Leffmann. In: Freiherr-vom-Stein-Gymnasium (Hrsg.): *1817–2017*, S. 45–49, hier S. 48.

72 Vgl. Helga Ullrich-Scheyda: Beschreibung von Schicksalen jüdischer Schüler in Kleve und ihrer Familien veröffentlicht im Rahmen einer Stolpersteinverlegung in Kleve. In: *Haus Mifgash Kleve*, 17.03.2019. https://mifgash.de/erinnern/stolpersteinverlegung-am-17-maerz-2019 (Zugriff am 26.10.2020).

73 Vgl. ebd.

74 Vgl. Looschelders: Erinnerung an einen vergessenen jüdischen Schüler unserer Schule, S. 48–49.

an einem Herzinfarkt starb. Die Mutter flüchtete weiter nach Frankreich, wurde aber schließlich 1944 über Drancy nach Auschwitz deportiert, wo sie ermordet wurde.[75] Die Eltern von Kurt Sucher hatten nach bereits erzwungenem Wohnungswechsel innerhalb von Kleve die Stadt bei Kriegsbeginn verlassen und in Krefeld eine Bleibe gesucht. Dort mussten sie von Wohnung zu Wohnung wechseln, bis sie Ende 1941 über Düsseldorf in das Ghetto Riga deportiert wurden. Dort wurden sie 1942 ermordet.[76]

Dass jüdische Geschäftsinhaber oder auch andere jüdische Bürgerinnen und Bürger erst zurzeit der Zerstörung der Synagoge etwas hätten „riechen" können, ist eine Behauptung, die sich nicht mit dem Hinweis auf die dazwischen liegende lange Zeitspanne entschuldigen lässt. Beuys muss als damals aktives Mitglied der Hitlerjugend[77] erlebt haben, wie schon unmittelbar nach der Machtübernahme durch die Nationalsozialisten auch in Kleve jüdische Geschäfte angegriffen wurden. Und dass er hier behauptet, die beiden jüdischen Schüler seien erst Ende 1938 mit ihren Eltern in die USA ausgewandert, ist ein ‚Irrtum', der sich durch keinen zeitlichen Abstand erklären lässt.

> [Auf eine Schülerfrage nach Antisemitismus in Schulbüchern:]
> Das hat bei uns kein Buch vertreten und auch keine Person; ich muß also ganz objektiv sagen, daß das auf unserer Schule nicht der Fall war.[78]

Offensichtlich war es Beuys – zumindest in der betreffenden Situation – nicht bewusst, dass man ausschließlich aufgrund von persönlichen Erinnerungen nicht behaupten sollte – und schon gar nicht Schülern gegenüber –, man könne etwas „ganz objektiv sagen". Er unterdrückte in diesem Gespräch und vor allem mit dieser Aussage alle Erfahrungen und Erinnerungen, die damals auch bei ihm eigentlich nicht hätten verschwunden sein können.

75 Vgl. Ullrich-Scheyda: Beschreibung von Schicksalen jüdischer Schüler.
76 Vgl. ebd.
77 Siehe hier S. 65.
78 Platner et al. (Hrsg.): *Schule im Dritten Reich*, S. 123.

> Skrupel dagegen gab es bei mir überhaupt nicht, höchstens bei meinen Eltern. Man muss ja zugeben, dass – etwa im Gegensatz zu heute – damals die Situation für die Jugendlichen in gewisser Weise ideal war, um sich auszuleben. Es kann keine Rede sein, dass wir manipuliert worden sind; gut, man stand in Reih und Glied und trug eine Uniform, aber ansonsten fühlten wir uns frei und unabhängig.[79]

Man kommt nicht umhin, Beuys jede Fähigkeit abzusprechen, die Vergangenheit aus kritischer Distanz zu betrachten. Immer wieder, aber hier wohl am offensichtlichsten, wird deutlich, dass Beuys seine spätere Beurteilung früherer Erfahrungen nicht von diesen zu trennen vermochte, so dass solche Aussagen keine Spuren kritischer Reflektion aufweisen. Es ist in der jüngeren Fachliteratur allgemein anerkannt, dass die Hitlerjugend nicht zuletzt deswegen attraktiv war, weil sie vom Elternhaus unabhängig machte.[80] Dies erzeugte bei vielen Jugendlichen ein Gefühl der Freiheit; im Extremfall führte sie zur Bereitschaft, die Eltern zu denunzieren. Die hier zitierte Aussage findet sich in der renommierten Beuys-Biografie von Götz Adriani, Winfried Konnertz und Karin Thomas, deren erste Ausgabe 1973 in Zusammenarbeit mit dem Künstler zustande kam.[81] Da keine Quelle genannt wird, ist anzunehmen, dass Beuys dies während der Vorbereitung der Publikation so formulierte. Die Aussage steht hier im Zusammenhang mit der Information, Beuys habe 1936 am Sternmarsch nach Nürnberg teilgenommen. Dazu muss angemerkt werden, dass die Teilnahme wohl keineswegs allen HJ-Mitgliedern offenstand, sondern nur solchen, die von der lokalen „Führung“ dazu auserkoren wurden, den „Bann 238 / Altkreis Kleve“ zu vertreten.[82] Dies, ähnlich wie die

79 Adriani / Konnertz / Thomas: *Joseph Beuys*, S. 13.

80 Vgl. zur Hitlerjugend z. B. Thomas Gloy: *Im Dienst der Gemeinschaft. Zur Ordnung der Moral in der Hitlerjugend*. Göttingen: Wallstein 2018; Arno Klönne: *Jugend im Dritten Reich. Die Hitler-Jugend und ihre Gegner*. Köln: PapyRossa 2008.

81 Siehe hier S. 18–20.

82 Amt für Presse und Öffentlichkeitsarbeit Köln (Hrsg.): *Hitlerjugend*, o. D. http://museenkoeln.de/ausstellungen/nsd_1609_hitlerjugend/01_04_hitlerjugend.html (Zugriff am 30.11.2020): „Seit 1935 wurde der ‚Adolf Hitler-Marsch der HJ‘ durchgeführt. In einem mehrwöchigen Sternmarsch trugen 2.000 ausgewählte

hier zitierte positive Erinnerung, erlaubt es, von einer aktiven Mitgliedschaft des jungen Beuys auszugehen. Erstaunlich ist denn auch der Satz, der in dieser Monografie dem Thema der HJ-Mitgliedschaft vorangestellt wurde: „Aufgrund einer strengen katholischen Erziehung bleiben die Ideologien der Nazi-Diktatur eigentlich im Hintergrund."[83] Diese Einschätzung ist unhaltbar. Natürlich beeinflusste die HJ ihre jugendlichen Mitglieder – das war ja ihre zentrale Aufgabe – und Beuys legte davon unbeabsichtigt deutlich Zeugnis ab. Zum genannten katholischen Hintergrund muss daran erinnert werden, dass der Katholizismus auch am Niederrhein, wie bereits dargelegt, die antisemitische Tradition pflegte.

„ausgerottete" Generation

> Es mag wohl sein, daß das für Heinrich Böll so war, bei uns war's nicht so. Sagen wir mal, es führte zum Tode; viele meiner Schulkameraden sind nicht mehr da. Die Klasse ist praktisch weg, einige sind nicht mehr aus der Kriegsgefangenschaft zurückgekommen, ein ganz kleiner Prozentsatz lebt noch. Also dieser Jahrgang ist systematisch ausgerottet worden.[84]

Auch bei dieser Aussage handelt es sich, wie schon beim Thema „Hoffnung", um eine Reaktion von Beuys auf die Frage eines Schülers, ob sich Beuys wie Heinrich Böll an eine „Erziehung zum Tode" erinnern könne.[85]

Dass es diese gegeben habe, war sicherlich keine persönliche, individuelle Beobachtung des Schriftstellers, sondern lässt sich schon anhand der populären Lieder- und Gedichtsammlungen jener Zeit leicht nachweisen. Wer die Liedersammlungen der Hitlerjugend darauf durchsucht, kann nur feststellen, dass diese sicherlich auch dazu angetan waren, den jungen Menschen den „Tod fürs Vaterland" als positiv

HJ-Mitglieder sämtliche Bannfahnen aus dem Reichsgebiet nach Nürnberg." Vgl. zur Rolle der Parteitage Hans-Ulrich Thamer: *Die NSDAP. Von der Gründung bis zum Ende des Dritten Reiches*. München: Beck 2020, S. 88–90.

83 So auch noch in der postumen Neuauflage: Adriani / Konnertz / Thomas: *Joseph Beuys,* 1994, S. 13.

84 Platner et al. (Hrsg.): *Schule im Dritten Reich*, S. 124.

85 Vgl. zur „Erziehung zum Tode" auch Schlosser: *Sprache unterm Hakenkreuz*, S. 111–112.

und ehrenvoll nahezubringen. Neu war dieser Kult des Todes „für das Vaterland" natürlich nicht. Die HJ-Liederbücher standen damit in der Tradition des Liedguts der Freiheitskämpfe des 19. Jahrhunderts und der Dichter-Propaganda für den Ersten Weltkrieg. Bemerkenswert ist die Tatsache, dass Joseph Beuys, dem diese Tradition bei seinem Gespräch mit den Schülern nicht bewusst gewesen zu sein scheint, während seiner Beteiligung am Zweiten Weltkrieg ein Bändchen mit den *Deutschen Vaterlandsliedern* der Insel-Bücherei, mit sich getragen hatte,[86] in dem beispielsweise sowohl der Germanist Hans Ferdinand Maßmann (1797–1874) als auch der Schöngeist der Jahrhundertwende Rudolf Alexander Schröder (1878–1962) mit seinen während des Ersten Weltkriegs zu Tapferkeit auffordernden Verszeilen zu Wort kamen.[87] Selbstverständlich kannte Beuys Zeilen wie: „Lass Kraft mich erwerben in Herz und Hand, zu leben und zu sterben für's heil'ge Vaterland!", „Kehr ich nicht mehr zurück, was ist dabei? / Wenn nur mein Vaterland, wenn Deutschland frei" oder „Kein schönrer Tod ist in der Welt, als wer vorm Feind erschlagen auf grüner Heid, im breiten Feld".[88]

86 Der Hinweis, dass Beuys dieses Bändchen im Krieg bei sich im Gepäck hatte, findet sich in Eva Beuys (Hrsg.): *Joseph Beuys. Das Geheimnis der Knospe zarter Hülle. Texte 1941–1986*. München: Schirmer Mosel 2000, S. 279.

87 Vgl. *Deutsche Vaterlandslieder*. Leipzig [1914], S. 41–42: *Gelübde* von Hans Ferdinand Maßmann mit den Zeilen: „Lass Kraft mich erwerben / In Herz und Hand, / Zu leben und zu sterben / Fürs heilge Vaterland!", oder S. 97–98: *Deutsches Lied* von Rudolf Alexander Schröder mit den Zeilen: „Sieh uns all entbrannt, / Sohn bei Söhnen stehn: / Du sollst bleiben, Land! / Wir vergehn."

88 Vgl. *Frisch gesungen im neuen Deutschland. Vaterlands- und Marschlieder für die deutsche Schuljugend*. Hannover: Meyer 1934, S. 19: „Ich hab mich ergeben mit Herz und mit Hand / dir, Land voll Lieb und Leben, mein deutsches Vaterland! / Mein Herz ist entglommen, dir treu zugewandt, du Land der Frei'n und Frommen, du herrlich Hermannsland! Will halten und gläuben [*sic*] an Gott fromm und frei, will, Vaterland, dir bleiben auf ewig fest und treu! / Ach Gott, tu erheben mein jung Herzensblut / zu frischem, freud'gem Leben, zu freiem, frommem Mut! / Lass Kraft mich erwerben in Herz und Hand, zu leben und zu sterben für's heil'ge Vaterland!"; wie auch: *Liederblatt der Hitlerjugend*. 2. Jahresband. Wolfenbüttel / Berlin: Kallmeyer 1937, o. P. (Liederfolge Nr. 28): „Morgen marschieren wir in Feindes Land. Heiß in den Herzen glüht der Freiheit Brand. Kehr ich nicht mehr zurück, was ist dabei? Wenn nur mein Vaterland, wenn Deutschland frei." Oder auch: *Uns geht die Sonne nicht unter. Lieder der Hitler Jugend*. o. O., o. J., S. 9: *Kein schönrer Tod ist in der Welt*, darin die Zeilen: „Kein schönrer Tod ist in der Welt, als wer vorm Feind erschlagen auf grüner Heid, im breiten Feld darf nicht hör'n groß Wehklagen."

Erschreckender aber als diese Leugnung der damaligen Bemühungen, den Jugendlichen einen Opfergeist einzupflanzen, ist der Schluss dieser Aussage, die das Thema radikal wendet. Nicht zum Tode seien er und seine Kameraden erzogen worden, sondern sie seien „systematisch ausgerottet worden". Der Begriff „ausrotten" bezog sich im Vokabular des Nationalsozialismus unmissverständlich auf Juden, „Zigeuner" und weitere „minderwertige" Gruppen der Bevölkerung. Zuvor wurde der Begriff ausschließlich für menschenschädliche Pflanzen und Tiere verwendet. Dass Beuys hier die jüngere Nutzung des Begriffs übergeht, wo doch jeder im Zusammenhang von Nationalsozialismus bei „ausrotten" zuvorderst an den Genozid denkt, zeigt, wie weit er sich zu diesem Zeitpunkt von der Wirklichkeit der jüngsten Geschichte entfernt hatte und dabei sogar aus dem Vokabular der rassistisch-antisemitischen Mörder schöpfte. Selbstverständlich hatte es in Bezug auf die Schüler seiner Generation nie die Absicht gegeben, sie als Gruppe restlos umzubringen. Besonders fragwürdig ist diese Äußerung, wenn man bedenkt, welche Umschreibung er 1982 für das drohende Schicksal seiner jüdischen Mitschüler fand: „es war noch so, dass sie nichts mehr von den Schweinereien da mitgekriegt haben, also eingesperrt worden sind."[89] Es findet hier bei Beuys ganz offensichtlich eine Verkehrung der historischen Wirklichkeit statt, die einen erschreckenden Mangel an Empathie für die Opfer des antisemitischen und rassistischen Massenmordes in Erscheinung treten lässt, auf den noch zurückzukommen ist.[90]

3. Freiwillige Meldung zum Kriegsdienst

Joseph Beuys meldete sich freiwillig zum Dienst in der Luftwaffe. Diese biografische Information ist gegenwärtig unumstritten. Unklar ist bis heute, wann genau und mit welchem Status er die Schule verließ und in den Wehrdienst wechselte.

89 Siehe hier S. 60–61.
90 Siehe hier Kap. III.7.

In den frühen autobiografischen Notizen (1961) hieß es bei ihm: „Abitur 1940“ und „Soldat 1941“.[91] Im 1969 erschienenen Katalog der Baseler Ausstellung von Werken aus der Sammlung Ströher nannte Beuys aber das Jahr 1940 mit der Angabe: „Posen Ausstellung eines Arsenals“.[92] Und ebenso hielt Beuys im 1990 veröffentlichten „Lebensbrief“ vom 7. Mai 1961 folgende Information fest: „1940 wurde ich Soldat.“[93]

Dass trotzdem immer wieder erwähnt wird, Beuys sei erst 1941 in die Luftwaffe eingetreten, könnte mit zwei Faktoren zusammenhängen. Erstens hat man lange angenommen, Beuys habe tatsächlich Abitur gemacht und könne deswegen erst 1941 die Schule verlassen haben, und zweitens gibt es den Nachweis, dass er sich 1941 für zwölf Jahre bei der Luftwaffe verpflichtet hat.[94] Beide Punkte müssen richtiggestellt bzw. ergänzt werden: Beuys verließ, wie im Folgenden gezeigt wird, bereits 1940 die Schule, und es ist höchst wahrscheinlich, dass die Verpflichtung bei der Luftwaffe erst nach der Ableistung einer Vorausbildung 1940–41 zustande kam.

Zu der freiwilligen Meldung und Beuys' Verlassen der Schule 1940 gibt es deutliche Angaben eines Zeitzeugen, nämlich Aussagen von Wilhelm van den Boom, dem bereits erwähnten Klever Schulgefährten von Joseph Beuys. Der inzwischen verstorbene van den Boom hat seine Erinnerungen wie folgt wiedergegeben:

> Es war kurz nach dem Einmarsch in Holland, der ja am 10. Mai 1940 stattfand. Es dürfte im Juni oder Juli gewesen sein. Es gab keine langen Diskussionen vorab. Wir wollten dabei sein, meinten, dass der Krieg ganz schnell und ohne unser Dazutun gewonnen und vorbei sein würde. Wir meldeten uns in Münster freiwillig zur Luftwaffe. Wir wurden gemustert – Fliegertauglichkeitsprüfung. Etwa 6 Wochen später wurde Beuys eingezogen zur

91 Notizzettel Joseph Beuys. In: *Joseph Beuys. Zeichnungen, Aquarelle, Oelbilder, Plastische Bilder aus der Sammlung van der Grinten.* Ausstellungskatalog. Kleve: Städtisches Museum Haus Koekkoek 1961, o. P. [S. 3–5, hier S. 3].

92 *Joseph Beuys. Werke aus der Sammlung Karl Ströher*, S. 4.

93 Joseph Beuys. Lebensbrief. In: *Getlinger photographiert Beuys 1950–1965.* Ausstellungskatalog Städtisches Museum Kalkar u. a. Köln: DuMont 1990, o. P. [nach dem Tafelteil].

94 Vgl. Riegel: *Beuys*, S. 523, Anm. 126; Gieseke / Markert: *Flieger, Filz und Vaterland*, S. 47.

> Luftnachrichtentruppe Dresden-Klotzsche. Er war also nicht am Abitur beteiligt. Ich erhielt keinen Einberufungsbescheid. Ich war enttäuscht und fragte den Rektor, Dr. Schiefer, ob er nicht etwas für mich machen könne. Dieser meinte aber, ich sollte lieber erst im März 1941 mein Abitur machen.[95]

Dass dies nicht auch für Beuys galt, hing damit zusammen, dass dieser 1940 die Versetzung in die Abiturklasse gar nicht erst geschafft hatte. Aus diesem von van den Boom schriftlich bestätigten Erinnerungsfragment geht erstens hervor, dass er und Beuys sich im Frühjahr 1940 freiwillig zur Luftwaffe meldeten, zweitens, dass die militärischen Erfolge der Wehrmacht im Frühjahr 1940 dabei eine wichtige Rolle spielten. Dabei handelte es sich um das allgemein auftretende Phänomen der in den vorangegangenen Jahren erweckten und genährten Neugierde auf Kriegserlebnisse.[96]

In einem weiteren Gespräch erwähnte van den Boom, dass er Beuys 1941 in Posen wiedergesehen habe und dass dieser ihm dort von seinen Erfahrungen in Dresden-Klotzsche erzählte. Tatsächlich war Beuys nicht an der Abiturfeier der restlichen Schüler seiner ehemaligen Klasse beteiligt. Dies belegt ein Gruppenfoto, das anlässlich dieser Feier entstand und auf dem Beuys fehlt.[97] Joseph Beuys hätte darüber

95 Von mir mit Wilhelm van den Boom geführtes Gespräch, Kleve, 04.05.2008. Van den Boom ergänzte in diesem Gespräch die Aussage des Schuldirektors Schiefer um die Worte: „um Beuys ist es nicht schade", was sich wohl unmittelbar auf die Tatsache bezog, dass Beuys nicht in die Abiturklasse versetzt worden war. Bereits 1991 hatte Hans van der Grinten auf der Joseph-Beuys-Tagung in Basel über eine gleichlautende Aussage von van den Boom über die freiwillige Meldung und das Fehlen von Beuys beim Abitur 1941 berichtet: Vgl. Hans van der Grinten: Beuys und Jünger. In: Harlan / Koepplin / Velhagen (Hrsg.): *Joseph Beuys-Tagung Basel 1.–4. Mai 1991*, S. 7–12, hier S. 8–9. Hartnäckig hält sich trotzdem auch in der jüngeren Literatur die Falschinformation über eine Reifeprüfung im Jahr 1941. Vgl. z. B. *Joseph Beuys. Werklinien*. Ausstellungskatalog. Kleve: Museum Kurhaus – Ewald Mataré-Sammlung 2016, S. 214: „Verließ Ostern 1941 mit Reifevermerk das Gymnasium." Im gerade erschienen *Joseph Beuys Handbuch* wird in einer Zeittafel sogar behauptet, Beuys habe 1940 ein Notabitur bekommen. Vgl. Skrandies / Paust (Hrsg.): *Joseph Beuys Handbuch*, S. 3.

96 Vgl. dazu Gloy: *Im Dienst der Gemeinschaft,* S. 176.

97 Auf dem Foto aus dem Besitz von Wilhelm van den Boom sind 15 Abiturienten zu sehen. Vgl. Riegel: *Beuys*, erw. Neuausgabe 2018, Bd. 3, S. 49. Dass sein Lehrer Heinrich Schönzeler ihm am 12.05.1941 einen Abschiedsbrief schrieb, steht zu der Tatsache, dass Beuys schon in der zweiten Jahreshälfte 1940 nach Dresden-Klotzsche ging, nicht im Widerspruch. Bei einem regelmäßigen Abschied

hinaus, da er eben 1940 sitzen geblieben war, auch gar nicht 1941 sein Abitur machen können.[98]

Dass Beuys nicht wie allgemein angenommen erst 1941 in die Wehrmacht eintrat, sondern schon 1940 eine Grundausbildung als Bordfunker in Dresden-Klotzsche absolvierte, wurde nur von Wilhelm van den Boom so direkt formuliert. Es gibt aber keinen guten Grund, seine Aussage in Zweifel zu ziehen. Zunächst gibt es die frühen Erwähnungen des Jahres 1940 bei Beuys selbst.[99] Hinzu kommt die Tatsache, dass es 1940 tatsächlich einen Ausbildungsplatz für Bordfunker in Dresden-Klotzsche gegeben hat. Es wurden dort zum damaligen Zeitpunkt junge Männer ohne Abitur ausgebildet, die damit aber keine Vorbereitung auf eine Offizierslaufbahn absolvierten.[100] Dass Beuys dann, wie erwähnt, 1941 einen Zwölfjahresvertrag für den Dienst in der Wehrmacht unterzeichnete, steht dazu nicht im Widerspruch, da es sich in Dresden-Klotzsche um eine vorbereitende Ausbildung handelte, bei der wohl auch, eben wegen des fehlenden Abiturs, die Tauglichkeit für einen Zwölfjahresvertrag geprüft wurde.[101]

der Abiturklasse wäre der Lehrer selbst anwesend gewesen und dieser hätte nicht nachträglich zu schreiben brauchen. Man darf vielmehr annehmen, dass Beuys im Mai 1941, bevor er seine Ausbildung aufgrund des nun unterzeichneten Zwölfjahresvertrags in Posen fortsetzen sollte, kurz seine Eltern in Kleve besuchte und dabei auch seinen ehemaligen Lehrer traf. Vgl. Ullrich-Scheyda: Dr. Heinrich Schönzeler.

98 Diese Information findet sich in einem Protokollbuch der Lehrerkonferenzen im Archiv des heutigen Freiherr-vom-Stein-Gymnasiums, Kleve.

99 Siehe hier S. 69.

100 Mündliche Auskunft des Militärhistorikers Franz Spur, Autor von *Dresdner Fliegerschmiede 1935–1945. Geschichte der Luftkriegsschule 1 Dresden in Klotzsche* (Dresden: Arbeitskreis Sächsische Militärgeschichte 2004) bei einem Telefonat, das ich am 07.12.2010 mit ihm führte.

101 Ein erstaunliches Beispiel für die Unklarheit im Umgang mit dem Zeitpunkt von Beuys' Eintritt in die Luftwaffe auch in der jüngeren seriöseren Beuys-Literatur findet sich im 2009 erschienenen biografischen Fotoband von Christiane Hoffmans. Dort ist auf S. 38 ein knapp oberhalb der Augenbrauen abgeschnittenes Porträtfoto des jungen Beuys in Uniform abgebildet. Der Kragen der Uniformjacke ist mit dem Abzeichen eines Unteroffiziers der Luftwaffe versehen. Die Bildunterschrift lautet: „Fotografie aus einem militärischen Dienstausweis, um 1940. Nachlass Joseph Beuys – Eva, Wenzel, Jessyka Beuys, Düsseldorf". Erstaunlich bei dieser Angabe von Seiten des Nachlasses ist die Formulierung „um 1940". Möglicherweise ist der selbstverständlich datierte Dienstausweis selbst erhalten geblieben oder das Foto ist ohne Ausweis erhalten geblieben und mit „1940" bezeichnet worden. Dies würde die frühe Erwähnung durch Beuys selbst im „Lebensbrief" vom 07.05.1961, „1940 wurde ich Soldat" (siehe hier S. 69), bestätigen. Es mag dann aber der allzu

„verzweifeltes Heldentum"

> Man könnte sagen: es war eine Art verzweifeltes Heldentum. Es war eine Möglichkeit um aus der Lebensweise, die man hatte, auszubrechen. Und mitzugehen mit der Lebensweise aller anderen jener Generation. Als ich zum Beispiel merkte, dass eine Klasse, die schon Abitur gemacht hatte, schon gegangen war und ich später hörte: ein Teil derer ist schon tot, dann bekam ich den Willen (und nicht nur ich), dieses Schicksal auch selber zu erleben und nicht einfach zu Hause zu bleiben.[102]

Diese Erinnerung liest sich durchaus so, als sei die „Erziehung zum Tode" erfolgreich gewesen, als habe er den anderen pflichtbewusst in den Kriegstod folgen wollen. In einem später anzuführenden Zitat nannte Beuys die „Lebensweise", aus der er habe „ausbrechen" wollen, eine „Todeszone".

Solidarität und Anti-Pazifismus

> Als dann die ersten Soldat wurden und sich freiwillig meldeten, habe ich mich auch freiwillig gemeldet, weniger aus Begeisterung für Soldaten oder Krieg, einfach aus Solidarität.[103]

> [Auf eine Schülerfrage, ob die Entscheidung, sich freiwillig zu melden, durch die Schule beeinflusst worden sei:]
> Ja klar, eigentlich nur durch die Schule, aber nicht durch die Lehrer, sondern durch meine Kameraden. Als der Krieg in Polen begann, da leerten sich die Klassen, und es war ganz klar, daß ich nicht zu Hause bleiben wollte. Ich wollte keine Extrawurst gebraten haben. Wenn die anderen gehen, gehe ich auch. Das war einfach ein Zusammenhalt, so wie in einer Gemeinschaft. Ja, das war einfach ein Zusammengehörigkeitsgefühl, daß

auffallende Unterschied zur üblichen Erwähnung von 1941 als Zeitpunkt des Kriegseintritts von Beuys zu der Angabe „um 1940" geführt haben. Vgl. Christiane Hoffmans: *Beuys. Bilder eines Lebens.* Leipzig: Seemann 2009, S. 38.

102 Frits Bless: Joseph Beuys. Ein Gespräch. In: *Joseph Beuys. Pobyt Tymczasowy – Vorübergehender Aufenthalt.* Ausstellungskatalog. Krakau: Fundacja Nowosielskich 1998, S. 31–79, hier S. 37. Das Gespräch mit Beuys führte Frits Bless am 14.05.1978.

103 Kempowski: Hitlers Adjutanten.

> man sagt, man will das Schicksal teilen. Alle, und nicht daß der eine sich so vorbeipfuscht, der andere Sondererlaubnis oder ein Attest bekommt, um sich da herauszudrücken; das hat's nicht gegeben. Wie gesagt, ich spreche von meiner Schule, das hat's nicht gegeben.[104]

> Na, ich sehe es erst einmal als ein Gefühl der Zugehörigkeit und Solidarität mit meinen Altersgenossen. Ich wollte eben mit denen das gleiche Schicksal teilen. Ich wollte keine Extrawurst haben, nicht so eine feige, pazifistische Haltung einnehmen. Ich bin schon immer grundsätzlich gegen jedes Emigrantentum aufgetreten. Ich wollte mitten in der Scheiße drinstehen, in der auch die anderen standen. Also ich halte meine damalige Entscheidung auch heute noch für moralisch richtig.[105]

Keine dieser Aussagen kann mit der historischen Wirklichkeit übereinstimmen. Die freiwillige Meldung erfolgte weder, als „die ersten Soldat wurden", noch „leerten sich die Klassen" schon im Sommer 1940. Und bemerkenswert ist, dass Beuys in diesen Aussagen die Frage überging, warum denn die „Altersgenossen" sich gemeldet hätten. Waren auch sie aus Solidarität zur Wehrmacht gegangen? Solidarität mit wem? Meinte er solche, die bereits rekrutiert worden waren? Die müssten 1940 dann bereits das Abitur sowie den pflichtweise darauf folgenden Arbeitsdienst hinter sich gebracht haben, was aber nur für diejenigen hätte gelten können, die das Abitur schon vor Kriegsbeginn 1939 abgelegt hätten. Es erstaunt, dass der Mangel an Logik in dieser und ähnlichen Aussagen bisher nicht aufgefallen zu sein scheint: Entweder alle hätten sich freiwillig gemeldet und Beuys hätte nicht nach den Motiven der anderen gefragt, sondern nur aus Solidarität dieselbe freiwillige Meldung gewählt, oder aber die anderen wären eingezogen worden, nur Beuys nicht und deshalb hätte gerade er sich zum freiwilligen Schritt entschlossen. Beides ist völlig undenkbar. Die Aussage über das „Gefühl der Zugehörigkeit" und die „Solidarität" mit den „Altersgenossen" kann nur auf Phantasie beruht haben. Weder die Begeisterung für den Krieg selbst noch die für die Anfang Mai 1940 auch über Kleve nach Westen fliegenden Kampfflugzeuge wurden von Beuys genannt, nur diese Solidarität! Für Wilhelm van

104 Platner et al. (Hrsg.): *Schule im Dritten Reich*, S. 125.

105 Müller: Penthouse-Interview, S. 62 u. 98.

den Boom war es dagegen auch Jahrzehnte später noch klar, dass der Wunsch, beim Sieg dabei zu sein, an erster Stelle gestanden habe, auch wenn er als hinzukommendes Motiv noch auf die ihm erinnerliche Regelung hinwies, dass diejenigen, die sich freiwillig meldeten, nach dem Abitur nicht erst zum Arbeitsdienst mussten, was durchaus verlockend gewesen sei.[106]

Die ‚solidarische' Haltung wird im dritten Zitat noch durch eine auch nach 30 Jahren noch hervorgehobene und äußerst seltsam anmutende moralische Haltung gesteigert. Beuys nahm hier für sich in Anspruch, schon damals entschiedene Bedenken gegen eine „feige, pazifistische Haltung" gehegt zu haben. Es ist sehr fraglich, ob 1940 die Möglichkeit einer pazifistischen Haltung unter Schülern und HJ-Mitgliedern ernsthaft diskutiert wurde. Ebenso unwahrscheinlich ist es, dass der Begriff „Emigrantentum", der hier wie aus dem Nichts auftaucht, damals in Beuys' Umfeld eine Rolle gespielt hat. Dieser Begriff war zwar bereits in den ersten Jahren nach 1933 von Thomas Mann verwendet worden, aber Beuys war er wohl vor allem aus den öffentlichen Auseinandersetzungen in den ersten Nachkriegsjahren bekannt, in denen über die Haltung jener Intellektuellen gestritten wurde, die Deutschland ab 1933 verlassen hatten.[107] Damals, wie bei Beuys in den frühen 1980er Jahren, war der Begriff äußerst negativ konnotiert. Worauf genau sich Beuys hier bei der Erwähnung seiner „schon immer" vorhandenen aktiven Gegnerschaft zum „Emigrantentum" bezogen hat, bleibt im Unklaren und lässt sich wohl auch kaum rekonstruieren. Am wahrscheinlichsten ist wohl, dass hier der Mangel an Unterstützung für seinen Streit um die Reformierung der Kunstakademie um 1970 bewusst oder unbewusst eine Rolle spielte.

Was den „Pazifismus" betrifft, der hier von Beuys so klar negativ als „feige" konnotiert wurde, muss man sich vergegenwärtigen, dass es sich um einen Begriff aus der Erziehungspraxis der Hitlerjugend handelt. Der „Pazifismus" gehörte zu den „vom Westen her eindringenden Ideen", zusammen mit „Demokratie", „Staatsauflösung" und „Zügellosigkeit".[108]

106 Von mir mit Wilhelm van den Boom geführtes Gespräch, Kleve, 04.05.2008.

107 Vgl. dazu Harald Jähner: *Wolfszeit. Deutschland und die Deutschen 1945–1955*. Berlin: Rowohlt Berlin 2019, S. 318–321.

108 Gloy: *Im Dienst der Gemeinschaft*, S. 207.

Besonders verstörend ist der Nachdruck, mit dem Beuys hier die freiwillige Meldung auch im Nachhinein noch als „moralisch richtig“ hervorhob und so jeden als unmoralisch darstellte, der versucht hat, dem Soldatentum und der Kriegsteilnahme zu entkommen. Vor allem lässt er die verbrecherischen nationalsozialistischen Ziele der Kriegsführung im Rückblick völlig außer Acht, als wäre es ihm noch immer eine Selbstverständlichkeit, Krieg als ein Schicksal zu sehen, bei dem man sich unabhängig von etwaigen Kriegszielen zuallererst mit seinem „Volk“ zu solidarisieren habe.[109]

„Abenteuerlust“ und technisches Interesse

> Erstens einmal ganz allgemein ein Interesse an technischen Dingen, zweitens hat wohl auch Abenteuerlust eine Rolle gespielt.[110]

Diese nicht moralisierende Äußerung formulierte Beuys im hier bereits öfter zitierten Interview aus dem Jahr 1980 einige Absätze, bevor er seine Ablehnung von Pazifismus und „Emigrantentum“ in den Mittelpunkt seines Selbstzeugnisses rückte. Er reagierte auf die (so nicht explizit gestellte) Frage, warum es gerade die Luftwaffe gewesen sei, die ihn interessiert habe. Namentlich der Hinweis auf seine „Abenteuerlust“ erscheint hier vor dem Hintergrund der Schilderungen seiner Rolle und seines Verhaltens innerhalb der Schülerschaft als sehr authentisch.[111]

Todeszone

> Ich bin in das Leben gegangen. Der Krieg, das bedeutete für mich: Leben. Ich wollte nicht in dieser Todeszone zu Hause bleiben. Ich habe gesagt: Ich will dasselbe Schicksal haben wie meine Altersgenossen. Ich sah keinen

109 Zum Begriff „Volk“ siehe Kap. III.8.

110 Müller: Penthouse-Interview, S. 62.

111 Dass der Schüler Joseph Beuys einmal mit dem Fahrrad die Steintreppen in der Schule heruntergefahren sei, wird in mehreren Quellen erwähnt; zuletzt von Franz Joseph van der Grinten in einem postum veröffentlichten Interview: Ulrike Knöfel / Bianca Lang: „Dann pinkelte Beuys aus dem Fenster“. In: *Der Spiegel*, 17.10.2020, S. 122–125.

> ethischen oder moralischen Grund, mit irgendwelchen Tricks, die man hätte in Gang setzen können, zu Hause zu bleiben. Da ist so etwas im Spiel gewesen wie: auf Gedeih und Verderben zusammenhalten.[112]

Hier, im Jahr 1980, verband Beuys das oben bereits thematisierte Solidaritätsargument mit einer verstörenden Variante seiner Aussage über „Abenteuerlust". Darüber hinaus zeigt seine Benutzung des Begriffs „Todeszone" an dieser Stelle – für das Leben zu Hause, mit Schule und HJ – deutlich Beuys' willkürlichen Umgang mit Erinnerungs- und Gedankenfetzen. Das Wort „Todeszone" spielte ganz gewiss in den Erfahrungen jener Jugendzeit keine Rolle, sondern sollte erst sehr viel später in seinen Überlegungen zu einer „Plastischen Theorie" auftauchen, einer Theorie, in der er sich mit der Spannung zwischen den Polen „Chaos" und „Form" befasste.[113]

„eine radikale Außenposition"

> Ich wollte eben das Risiko und trotzdem überleben, wie heute ja auch noch, also etwas machen, was eine radikale Außenposition darstellt, und trotzdem siegen, sich durchsetzen mit einer Sache, wo man meint, man hätte die richtige Entscheidung getroffen. Ich bin auch heute noch der Meinung, daß es eine vernünftige Entscheidung war, mich damals freiwillig gemeldet zu haben. Manche, die heute alles so hochnäsig besser wissen, sagen ja, diese nationalen Triebe, die hochgekommen sind im Nationalsozialismus, die wären jetzt überwunden, also die setzen sich auf das hohe Roß und sagen: Wie konntest du Dich damals nur zur Hitlerarmee freiwillig melden? Ich sehe das völlig anders.[114]

Im selben Interview trat auf einmal eine erstaunliche Wendung in Beuys' Argumentation ein. Anstelle des solidarischen Klassenkameraden dem es darum gegangen sei, keine „Extrawurst" für sich zu beanspruchen, und der dasselbe Schicksal gewollt habe wie seine Altersgenossen, trat auf einmal der einsame Pionier, der Ausnahmemensch

112 Müller: Penthouse-Interview, S. 98.

113 Vgl. u. a. Magdalena Holzhey: *Im Labor des Zeichners. Joseph Beuys und die Naturwissenschaft*. Berlin: Reimer 2009, S. 20; Nicole Fritz: *Bewohnte Mythen. Joseph Beuys und der Aberglaube*. Nürnberg: Verlag für moderne Kunst 2007, S. 3.

114 Müller: Penthouse-Interview, S 62.

hervor. Die freiwillige Teilnahme am Krieg wäre nun die Haltung eines radikalen Außenseiters gewesen! An keiner Stelle tritt deutlicher hervor, wie Beuys seine eigene Position der Zeit ab Mitte der 1950er Jahre als Grundlage für seine im Nachhinein konstruierten Erinnerungen verwendete. Die sehr fragwürdige, die Wirklichkeit absurd verdrehende Darstellung, erst im Nationalsozialismus seien „nationale Triebe" hochgekommen, ist ein gutes Beispiel für Beuys' naiv-simplifizierende und fehlerhafte Geschichtskenntnisse. Erschreckend ist die Aussage, er habe damals „siegen" wollen, „sich durchsetzen mit einer Sache, wo man meint, man hätte die richtige Entscheidung getroffen". Bewusst oder unbewusst erkannte er hier unmissverständlich an, dass er hinter den Kriegszielen des Nazis gestanden hatte, und war immer noch der Meinung, es sei richtig gewesen, diese bis zum Schluss (und darüber hinaus!) nicht in Frage gestellt zu haben. Regelrecht abstoßend und erschütternd ist es, dass Beuys hier alle, die ihre positive Haltung dem Nationalsozialismus und den Kriegszielen gegenüber im Nachhinein in Frage gestellt haben, als abgehoben – „setzen sich auf das hohe Roß" – aburteilte und damit das bei ihm völlige Fehlen einer auch nur allergeringsten kritischen Distanz zu den antisemitischen, rassistischen und imperialistischen Kriegszielen des Nationalsozialismus klar erkennbar machte.

4. Erfahrungen im Krieg

„sentimentale Rückschau"

> Ich glaube, es hat keinen Sinn, über Kriegserlebnisse zu reden, so etwas zu repetieren. Das führt sehr leicht in eine romantische, sentimentale Rückschau.[115]

Diese Aussage aus den frühen 1970er Jahren ist erstaunlich. Man muss sich fragen, welche Erlebnisse bei wiederholter Beschreibung zu einer derartigen „romantischen, sentimentalen Rückschau" hätten führen

115 Wulf Herzogenrath: [Gespräch mit] Joseph Beuys. In: Ders. (Hrsg.): *Selbstdarstellung. Künstler über sich.* Düsseldorf: Droste 1973, S. 22–51, hier S. 22. Das Gespräch fand am 19.01.1972 statt.

können. Womöglich wäre die Tatarenlegende[116] dazu angetan, oder vielleicht waren es auch die Erfahrung der ‚Kameradschaft', die Begegnungen und Gespräche in Posen oder die Gelegenheiten, Gedichte zu schreiben wie in Weimar, oder auch die Wanderungen bei seinem Aufenthalt in Italien. Allerdings fühlt man sich hier auch daran erinnert, wie Beuys begeistert davon erzählte, wie seine Lehrer über ihre eigenen Erfahrungen im Ersten Weltkrieg berichteten: „Also da war immer was los, wenn die von ihren Kriegsabenteuern erzählten."[117] Als Beuys 1979 gefragt wurde, ob die Zeit im Krieg, wo er doch die wichtige Begegnung mit Nomaden gehabt und auch sonst „viel gesehen" hätte, positiv für seine Arbeit gewesen sei, antwortete er:

> Positiv war diese Zeit für mich nicht, denn in dieser Zeit sind meine besten Freunde im Krieg umgebracht worden. Täglich sah man diese Schweinerei. Also positiv war diese Zeit nicht.[118]

Eigentlich galt diese Frage der Bedeutung für sein Werk, aber obwohl er immer wieder auf den Krieg als Quelle seiner radikalen Neuorientierung als Künstler hingewiesen hat, geht Beuys hier die Bezeichnung „positiv" im unmittelbaren Zusammenhang mit Kriegserfahrungen zu weit. Die Gründe, aus denen er die Bezeichnung „positiv" hier nicht gelten lassen wollte, sind seltsam und verstörend. Nicht das Töten im Allgemeinen, die Kämpfe, bei denen es in einem von Deutschland begonnenen Vernichtungskrieg immer um das Töten der Feinde und das Zerstören von deren Stützpunkten gegangen war, stand im Vordergrund seiner Erinnerungen, sondern die Tatsache, dass so viele von seinen Kameraden „umgebracht" worden seien. Beuys nennt das hier nicht „gefallen", sondern in der Verwendung des Wortes „umgebracht" hebt er den Gegner, den Feind, als Urheber seiner negativen Erinnerungen hervor. Nur das – durch den Feind umgebracht zu werden – bezeichnet er dann im selben Atemzug als „Schweinerei". Nicht die allergeringste Einbeziehung des von den Nationalsozialisten

116 Die „Tatarenlegende" wurde von Beuys selbst in die Welt gesetzt: Er sei nach einem Stuka-Absturz über der Krim von Tataren gerettet und gesund gepflegt worden. Gründlich entlarvt wurde die Geschichte bei Riegel: *Beuys*, S. 65–71.

117 Siehe hier S. 51.

118 Von Waberer: Das Nomadische, S. 210.

initiierten und barbarisch durchgeführten Eroberungskriegs spielte im Moment der Formulierung dieser Antwort eine Rolle.

„Trauer“

> [Frage: Was fühlten Sie, als Sie nach Ende des Krieges das wahre Ausmaß der Scheußlichkeiten erfuhren?]
> Das war ein Schock, mit Sicherheit, und zwar irreversibel.
> [Zwischenfrage: War es eher Wut oder Trauer?]
> Eigentlich Trauer, allerdings nicht gepaart mit Resignation, sondern ich begann sofort mit der Suche nach einem Ansatz, das Ganze im großen Stil wiedergutzumachen. Damals war es ja besonders nötig, die Möglichkeit des Menschen zum Guten zu sehen. Ohne Idealismus, wie Sie es nennen würden, wäre man da gar nicht zurechtgekommen. Eigentlich ist dieser Schock nach Ende des Krieges mein Urerlebnis, mein Grunderlebnis, was dazu geführt hat, dass ich überhaupt begonnen habe, mich mit der Kunst auseinanderzusetzen, also mich im Sinne eines radikalen Neubeginns wieder zu orientieren. Ich hatte ja vor dem Krieg Naturwissenschaften studiert, und nun faßte ich den Entschluß, aus diesem materialistischen Wissenschaftsbereich auszubrechen und es mit einer umfassenderen Disziplin zu versuchen, von der ich damals, wenn auch zunächst nur gefühlsmäßig, meinte, sie könnte wieder menschlichere Begriffe in den Mittelpunkt rücken. Das war eine Empfindung. Ich habe damals sicher mehr aus einer Empfindung heraus diese Entscheidung getroffen, weil ich ja die ganze Katastrophe vor mir sah, auch sehr viel gelesen hatte. Also das ergab sich aus einer Innerlichkeit, einem Gefühl, das ich hatte.
> [Frage: Spielten auch Schuldgefühle eine gewisse Rolle?]
> Nicht Schuldgefühle. Ich fühlte mich verantwortlich, aber Schuldgefühle hatte ich keine. Ich muß da einen Unterschied machen, so daß ich durchaus sagen kann, ich bin schuldig, auch heute, aber Schuldgefühle habe ich keine, denn die könnte ich mir gar nicht leisten, weil sie mich hindern würden, die Sache voranzutreiben. Schuldgefühle haben ja immer eine lähmende Wirkung.[119]

119 Müller: Penthouse-Interview, S. 98.

Woran mag Beuys gedacht haben, als er meinte, er hätte einen Ansatz gemacht, „das Ganze im großen Stil“ wiedergutzumachen? Was mag er sich beim „Ganzen“ gedacht haben, und was beim „Wiedergutmachen“?
Bisher ist die Frage nicht vollständig beantwortet, wann und in welchem Umfang Beuys mit der Realität des Genozids, der Millionen von Kriegstoten und den unermesslichen seelischen, kulturellen und materiellen Verwüstungen konfrontiert wurde. Dass die Situation, in der man sich bei Kriegsende befand, für Beuys, wie für zahllose andere einen Schock bewirkte, ist allgemein bekannt und auch selbstverständlich. Sehr unterschiedlich war, wie und wie schnell man sich von diesem Schock, zumindest äußerlich und oberflächlich, erholte. Die Verdrängung des Wissens um Mitschuld und der Drang, zu einem ‚normalen Leben‘ zurückzukehren, waren ja allgemein. Wie die meisten anderen wendete sich auch Beuys offensichtlich ziemlich unmittelbar nach Kriegsende neuen Perspektiven zu: der bildenden Kunst. Ob die Reaktion auf den Schock wirklich so verlaufen ist, wie es Beuys hier beschreibt, ist zumindest fraglich. Ob in dieser frühen Nachkriegszeit ein Verdrängungsprozess bei ihm eingesetzt hat, der im späteren Werk Folgen zeitigte, kann und soll hier nicht thematisiert werden. Hier wie auch anderswo beschreibt Beuys den Wechsel zur Kunst als eine Entscheidung, sich für ein neues Lebens- und Gesellschaftsideal einzusetzen. Man darf ohne weiteres vermuten, dass es sich hier um ein nachträgliches Hineininterpretieren handelte. Die Entscheidung für den Künstlerberuf war nachweislich keineswegs eine Reaktion auf den „Schock“. Bereits 1943 bat er seine Eltern brieflich um Hilfe, weil er sich für eine Ausbildung zum Bildhauer an der Kunstakademie in Berlin anmelden wollte, also zu einem Zeitpunkt, wo er „die ganze Katastrophe“ noch gar nicht gesehen hatte, geschweige denn hätte kommen sehen können oder wollen.[120] Und das Vorhaben einer breit angelegten „Wiedergutmachung“ darf durchaus in die Zeit nach seiner persönlichen Krise in den 1950er Jahren datiert werden. Zum Schluss muss hier noch die Frage gestellt werden, wie aufrichtig die Bemerkung von Beuys ist, er habe sich keine Schuldgefühle erlauben können. Eine derartige Behauptung setzt zumindest ein Schuldbewusstsein im Ansatz voraus, das man

120 Siehe hier S. 86.

dann durch Handeln zu unterdrücken hätte versuchen können. Aber bereits das vorangegangene Zitat zum Thema „Trauer" macht es fraglich, ob Schuldgefühle bei Beuys überhaupt eine Rolle gespielt haben. Die zweckorientierte Formulierung, „Schuldgefühle habe ich keine, denn die könnte ich mir gar nicht leisten, weil sie mich hindern würden, die Sache voranzutreiben", stellt ein fragwürdiges Verhältnis zwischen dem Ausmaß der Naziverbrechen und Beuys' „Sache" dar.

Amerikaner und Engländer

Die nun folgende Aussage von Beuys war seine Antwort auf die Frage im Interview von 1980, ob er im Krieg Bomben geworfen habe. Als hätte er sich 1940 nicht speziell für die Luftwaffe entschieden, antwortete Beuys darauf: „Ja natürlich, das war ja nicht zu vermeiden." Auf die unmittelbar darauffolgende Frage, ob es dann auch Tote gegeben hätte, reagierte Beuys so:

> Städte wie die Amerikaner oder die Engländer haben wir nie angegriffen, sondern nur taktische Ziele, Flakstellungen, Kriegsschiffe, Brückenköpfe. Aber daß es da Tote gegeben hat, ist wohl wahrscheinlich. Trotzdem möchte ich hier betonen: In die Zivilbevölkerung oder marschierenden Truppen haben wir niemals hineingeschossen. Wenn wir einzelne Russen gesehen haben, sind wir mit der Maschine hinaufgegangen. Ich glaube, das war eine Moral, die innerhalb einer solchen Waffengattung wie ein ungeschriebenes Gesetz da war. Man hätte ja sehr leicht einen Tiefangriff machen können auf marschierende Russen. Wir haben sie manchmal so nahe gesehen, daß wir sie von der Toilette, also vom Donnerbalken, hätten wegschießen können. Aber das gab's nicht. Zumindest, soweit ich Augenzeuge war, hat es das nicht gegeben, das muß ich wirklich mit aller Wahrheit hier sagen, auch nicht Frauen gegenüber. Da mag es wohl Vergewaltigungen an anderen Orten gegeben haben, aber dort, wo ich war, hat es das nicht gegeben. Die wirklichen Gräueltaten sind am Schreibtisch begangen worden.[121]

Es ist einfach unmöglich, davon auszugehen, Beuys hätte nie etwas von Bomben auf London, Coventry und andere Städte in England, von der Zerstörung von Guernica, der Vernichtung der Altstadt von

121 Müller: Penthouse-Interview, S. 98.

Rotterdam, der Blockade von Leningrad inklusive schwerer Bombardements oder von der totalen Zerstörung der polnischen Kleinstadt Wieluń bei Kriegsbeginn 1939 gehört. Dies kann er also nicht gemeint haben. Der unmissverständlich geäußerte Gegensatz zwischen „wir" und den Amerikanern und Engländern macht klar, dass Beuys hier ohne zu reflektieren ein tradiertes Feindbild aufgreift, wie es Neue Rechte und Neonazis noch immer gerne u. a. beim Gedenken an die Zerstörung Dresdens machen.[122]

Sollte es sich um aufrichtige und faktisch stimmige Erinnerungen an Erfahrungen nur mit seiner Einheit gehandelt haben und er selbst wirklich nur an taktischen Angriffen auf „Flakstellungen, Kriegsschiffe, Brückenköpfe" beteiligt gewesen sein und auch keine Kenntnisse anderer Einsätze von unmittelbaren Kollegen seiner Einheit gehabt haben, dann bleibt die wahnwitzige Schuldzuweisung an die ehemaligen Gegner. Absurd wird das Ganze, wo er von der „Moral [...] innerhalb einer solchen Waffengattung" sprach.[123] Es kam in diesem Moment offensichtlich gar nicht bei ihm auf, dass dies dann auch auf dieselbe Waffengattung bei Amerikanern und Engländern hätte zutreffen müssen. Wieso er als ehemaliger Flieger ungefragt betonte, nie Zeuge von Vergewaltigungen gewesen zu sein, ist zumindest seltsam und lässt eine weit allgemeinere, reflexhafte Abwehrhaltung vermuten.

Merkwürdig ist hier auch der Passus, in dem er den „Donnerbalken" erwähnte, als machte ihm dieses Vokabular auch gegenwärtig noch richtigen Spaß. Unausweichlich kommt einem dann die „romantische,

122 Der ehemalige Leiter des Kaiser Wilhelm Museums in Krefeld, Martin Hentschel, reagierte 2012 auf meinen Hinweis auf das hier thematisierte Zitat mit der Meinung, das hätte sich doch nur auf Beuys' persönliche Erfahrungen und sein persönliches Handeln bezogen. Den Hinweis auf Amerikaner und Engländer ließ er dabei „unter den Tisch fallen". Vgl. Voss: Beuys – ein ewiger Hitlerjunge? Hentschels Haltung war, wie bei vielen anderen, eine hilflose, verschreckte Reaktion, da man meinte, das Idol „Beuys" dürfe nicht in Frage gestellt werden.

123 Typisch für Beuys ist es, die eigene, private Erinnerung – wenn sie denn so stimmen sollte – für die ganze Luftwaffe gelten zu lassen, als hätte er sich intensiv mit deren Verhalten während des Krieges beschäftigt. Man braucht in der Erinnerungsliteratur nicht lange zu suchen, bis man auf Aussagen trifft wie die von Julien Bryan. Der amerikanische Fotograf berichtete über die ersten feindlichen Aktionen der Luftwaffe in Polen, als deutsche Piloten bewusst nichtmilitärische Ziele wie Wohnhäuser, Bauernhöfe und auch Krankenhäuser als Angriffsziele ausgewählt hatten. Vgl. Dirk Verhofstadt: *Pius XII. und die Vernichtung der Juden*. Aschaffenburg: Alibri 2013, S. 203 (im Kapitel über den Krieg in Polen).

sentimentale Rückschau“ ins Gedächtnis, ebenso wie seine positiven Erinnerungen an jene Lehrer, die von ihren Erfahrungen im Ersten Weltkrieg erzählt hatten.

Der Satz am Schluss dieser Ausführungen: „Die wirklichen Gräueltaten sind am Schreibtisch begangen worden“, ist nicht weniger erschreckend als der Anfang. Zunächst stellt er sich selbst als frei von Unmenschlichkeiten dar, auf Kosten der Gegner, dann meint er einschränkend, zumindest er selbst sei kein Zeuge von Angriffen auf „marschierende Russen“ oder von Vergewaltigungen gewesen, und dann spricht er die ganze Armee von Gräueltaten frei. Es lässt sich aus diesem Grunde kaum umgehen, den „Schock“ oder die „Trauer“ bei Kriegsende auf die Erfahrung der Niederlage und das Bewusstsein zurückzuführen, an einem gescheiterten Projekt beteiligt gewesen zu sein, mit dem sich gleichzeitig der Mythos der unbesiegbaren Einheit von Führer und Volk in Nichts aufgelöst und die alte Heimat als ein Trümmerhaufen zurückgelassen hatte. Dabei bedenke man, dass diese Aussage 1980 gemacht wurde, als die Öffentlichkeit längst mit dem Ausmaß der Gräueltaten, auch in den Konzentrationslagern, bei den Ostfeldzügen usw. konfrontiert worden war.

Wer überlebte?

Es gibt, soweit bekannt, zwei Äußerungen von Beuys, in denen er pauschal die Gruppe der umgekommenen mit der der überlebenden Soldaten vergleicht. Während des Wintersemesters 1968/69 antwortete er auf die schon sehr tendenziöse Frage, weshalb in Deutschland seit Kriegsende nichts Wesentliches im Kunst-, Wissenschafts-, Literatur- und im ganzen Kulturbereich passiert sei, zunächst schlicht: „Die Besten sind im Krieg gefallen.“[124] Anschließend führte er, laut der „künstlerischen Rekonstruktion“ durch Johannes Stüttgen, einen besonders mit ihm verbundenen Schüler, die selbstverständlich im genauen Wortlaut nicht hundertprozentig stimmen muss, zu diesem Thema Folgendes aus:

124 Johannes Stüttgen: *Der Ganze Riemen. Der Auftritt von Joseph Beuys als Lehrer. Die Chronologie der Ereignisse an der Staatlichen Kunstakademie Düsseldorf 1966–72.* Köln: König 2008, S. 444.

> Sie waren wie Lämmer und Opfer. Was mich anbelangt, mich haben sie deswegen nicht gekriegt, weil ich so raffiniert war. Aber viele, wirklich phantastische Leute, die sind reihenweise abgeschossen worden, weggeputzt wie die Fliegen. Mich haben sie zwar auch erwischt, aber nie so richtig. Ich konnte einfach zu gut sehen. Ich war zu raffiniert. Damit war für mich allerdings auch der Auftrag verbunden, diese Fähigkeit in Zukunft positiv umzukehren und dazu zu benutzen, dass so ein Krieg nie wieder vorkommen kann, unmöglich gemacht wird in einem endlich vernünftigen Gesellschaftssystem. Aber was die meisten in dieser Generation betrifft, muss ich sagen: Die meisten, die übriggeblieben sind von diesem Krieg, das sind ja die Feiglinge und Drückeberger gewesen. Das ist regelrecht eine negative Auslese.[125]

Die Bezeichnung der deutschen Kriegstoten als „Lämmer und Opfer" zeigt, wie leicht es Beuys fiel, die wahren Verhältnisse umzudrehen. Allzu oft ist in der Literatur die Rede davon, Jüdinnen und Juden hätten sich „wie Lämmer zur Schlachtbank" führen lassen. Die deutschen Kriegsteilnehmer nun als „Lämmer" zu bezeichnen, ist unerhört. Insgesamt ist die herbe und skandalös ungerechte, pauschale Darstellung, die auch die gesamte Künstlerschaft von Beuys' eigener Generation herabsetzte, sofern es Menschen betraf, die den Krieg als Soldat überstanden hatten, kein „Ausrutscher", sondern durchaus Teil der Beuys'schen Vorstellungen, denn nahezu dasselbe behauptete er 1980 auch dem niederländischen Journalisten und Schriftsteller Jan Brokken gegenüber, und zwar auf die Frage, ob er im Krieg viele Freunde verloren habe:

> Eine Reihe. Es waren die Besten, die nicht zurückkamen. Die nettesten, intelligentesten, begabtesten Jungs. Die Bösewichter sind am Leben geblieben.[126]

125 Stüttgen: *Der Ganze Riemen,* S. 444.

126 Jan Brokken: *Stedevaart.* Amsterdam / Antwerpen: Atlas Contact 2020, S. 211. Nach E-Mail-Auskunft von Brokken vom 19.06.2020 sind die ursprünglichen Tonbandaufnahmen nach der übersetzenden Abschrift verlorengegangen. Rückübersetzung aus dem Niederländischen ins Deutsche R. M.

Auch wenn man das hier mit einem witzigen Bezug auf ihn selbst verstehen könnte, stehen im Hintergrund die Äußerung der späten sechziger Jahre und vor allem die besonders irritierende Neigung von Beuys, pauschal über ganze Gruppen von Menschen zu urteilen.[127]

5. Kunsterfahrung, Künstlerberuf – Durch den Krieg zur Kunst?

Bei mehreren Gelegenheiten hat Joseph Beuys betont, dass er durch den Krieg einen radikalen Wechsel seiner beruflichen Zukunftsplanung erlebt habe.

> Aber bevor ich in den Militärdienst einrückte, habe ich doch eher wissenschaftlich gearbeitet. [...] Damals beschäftigte ich mich eigentlich vollständig mit der Naturwissenschaft. Und dann kam das nächste wichtige Ereignis, im Krieg, hauptsächlich in Rußland, wodurch ich mich hundertprozentig auf die Kunst orientiert habe.[128]

Zu dieser Aussage in einem Gespräch mit dem niederländischen Ausstellungsmacher Frits Bless im Jahr 1978 sind zunächst zwei konkrete Richtigstellungen erforderlich. Wie an anderer Stelle dargelegt,[129] begann Beuys in der zweiten Jahreshälfte 1940 aufgrund einer freiwilligen Meldung eine Luftwaffen-Ausbildung in Dresden-Klotzsche. Er war im Frühjahr an einer Versetzung in die Abiturklasse gescheitert. Dass er sich statt mit dem Unterrichtsstoff intensiv mit der Lektüre naturwissenschaftlicher Bücher befasste, kann natürlich nicht ausgeschlossen werden. Belege gibt es dafür aber nicht, und von einer an anderer Stelle von ihm genannten „Immatrikulierung“[130] kann ganz

127 Z. B. „die Herren Universitätsprofessoren“, die „Scheißpolitiker“ u. Ä. Siehe für die von Beuys gerne verwendete Fäkalien-Metapher hier S. 40, 41, 73, 122, 125.

128 Bless: Joseph Beuys. Ein Gespräch, S. 32.

129 Siehe hier S. 70–71, 85.

130 Frank Meyer / Eivind Olsen: „Kunst gleich Kapital“. Interview mit Joseph Beuys. In: Ramon Brüll (Hrsg.): *„Abenteuer des Lebens und des Geistes“. Dreizehn Interviews aus dem Umkreis der Anthroposophie.* Frankfurt am Main: Info 3 1985, S. 85–91, hier S. 87: „Kurz vor dem Kriege hatte ich mich bereits für ein naturwissenschaftliches Studium immatrikuliert.“ (Das Interview mit Beuys wurde erstveröffentlicht in der Zeitschrift *Info 3*, 02/1982.) Es handelte sich hier keineswegs um einen einmaligen ‚Ausrutscher‘, denn dieselbe Behauptung, „ich war auf der

gewiss keine Rede gewesen sein, ebenso wenig von einem „medizinischen Vorbereitungsstudium als Kinderarzt“, wie es in der einflussreichen ersten großen Beuys-Monografie aus dem Jahr 1973 und auch noch in der postumen Auflage von 1994 heißt.[131] Zweitens steht fest, dass Beuys als Kriegsteilnehmer erst Ende 1943 zum Fronteinsatz nach Russland kam,[132] wo 1944 der legendäre Absturz stattfand. Aber bereits am 18. Mai 1943 schrieb er seinen Eltern von einem weiteren Ausbildungsaufenthalt in Italien aus:

> Ich habe mich entschlossen, nach dem Kriege den Bildhauerberuf zu erlernen. [...] Ich bitte Euch mir vielleicht etwas schriftliches zukommen zu lassen in Bezug auf Art einer Anmeldung bei der Akademie usw.[133]

Das Vorhaben war sehr konkret, denn nur zehn Tage später, am 28. Mai 1943 schrieb er den Eltern:

> Habt Ihr schon meinen Brief erhalten wegen meines Studiums. Ich habe an die Preussische Academie für bildende Künste in Berlin geschrieben, mit dem Inhalt, dass ich Euch mit der Beibringung der Unterlagen beauftragt hätte. Besorgt doch bitte die Angelegenheit.[134]

Über den konkreten Anlass zu diesem Entschluss zu diesem Zeitpunkt hat Beuys sich, soweit heute bekannt ist, nie geäußert. Im großen Interview des Jahres 1980 erklärte er:

> Eigentlich ist dieser Schock nach Ende des Krieges mein Urerlebnis, mein Grunderlebnis, was dazu geführt hat, daß ich überhaupt begonnen habe, mich mit der Kunst auseinanderzusetzen, also mich im Sinne eines radikalen Neubeginns wieder zu orientieren. Ich hatte ja vor dem Krieg

Universität eingeschrieben“, findet sich in Martin Kunz: Gespräch mit Joseph Beuys (Düsseldorf, 10. Mai 1979). In: *Joseph Beuys. Spuren in Italien*. Ausstellungskatalog. Luzern: Kunstmuseum Luzern 1979, o. P.

131 Adriani / Konnertz / Thomas: *Joseph Beuys*, S. 14.

132 Vgl. Riegel: *Beuys*, S. 60–61. Vgl. auch die Briefe von Beuys an seine Eltern in Beuys (Hrsg.): *Joseph Beuys. Das Geheimnis der Knospe zarter Hülle*, S. 254–285.

133 Josef [*sic*] Beuys an seine Eltern, 18.05.1943. In: Beuys (Hrsg.): *Joseph Beuys. Das Geheimnis der Knospe zarter Hülle*, S. 273–275, hier S. 273 (Transkription).

134 Josef [*sic*] Beuys an seine Eltern, 28.05.1943. In: Ebd., S. 276–281, hier S. 281 (Transkription).

> Naturwissenschaften studiert, und nun faßte ich den Entschluß, aus diesem materialistischen Wissenschaftsbereich auszubrechen und es mit einer umfassenderen Disziplin zu versuchen, von der ich damals, wenn auch zunächst nur gefühlsmäßig, meinte, sie könnte wieder menschlichere Begriffe in den Mittelpunkt rücken.[135]

Hier nannte er also nicht die Erfahrungen im Krieg, sondern meinte die Erkenntnisse über die Realität des Krieges, wie er sie, ob in englischer Gefangenschaft oder auf anderem Wege, erst nach Kriegsende erfahren habe. Nach dieser Darstellung hätte sich der radikale Neubeginn – Kunst als „umfassende Disziplin“ statt „materialistischer Wissenschaft“ – kurz nach dem Krieg vollzogen haben müssen.
1986 aber, in der kurz vor seinem Tod gehaltenen Lehmbruck-Rede kam es zu folgender Selbstaussage:

> [...] denn ich befand mich [als er zum ersten Mal Fotos von Lehmbruck-Skulpturen sah; R. M.] schon / inmitten eines naturwissenschaftlichen Studiums [...] Ich bekam also dieses Büchlein ganz zufällig, / das auf irgendeinem Tisch lag zwischen anderen, / ziemlich zerrupften kleinen Heftchen, / in die Hand, schlug die Seite auf / und sah eine Skulptur von Wilhelm Lehmbruck. Und unmittelbar ging mir die Idee auf, / eine Intuition also: Skulptur – / mit der Skulptur ist etwas zu machen. / Alles ist Skulptur – / rief mir quasi dieses Bild zu.[136]

Ganz im Gegensatz zur Aussage von 1980 war es hier eine singuläre Schülererfahrung, die ihm die Augen für den Bildhauerberuf eröffnet hätte, was zumindest nicht im Widerspruch zu seiner Entscheidung vom Mai 1943 stehen würde. Besonders auffällig ist, wie Beuys hier seine Argumentation konstruierte bzw. forcierte: Da die Entscheidung für die Kunst ein Aufgeben seiner früheren Pläne für eine berufliche Beschäftigung mit der Naturwissenschaft gewesen sei, musste er hier

135 Müller: Penthouse-Interview, S. 98.

136 Joseph Beuys: Mein Dank an Lehmbruck. Rede anlässlich des Festakts zur Verleihung des Wilhelm-Lehmbruck-Preises im Wilhelm Lehmbruck Museum der Stadt Duisburg am 12. Januar 1986. In: Lothar Schirmer (Hrsg.): *Joseph Beuys. Mein Dank an Lehmbruck. Eine Rede.* München: Schirmer Mosel 2006, S. 9–29, hier S. 11–12. Nicht autorisiert erschien die Rede zunächst in *Joseph Beuys. Zu seinem Tode. Nachrufe, Aufsätze, Reden.* Bonn: Inter Nationes 1986, S. 37–58.

sogar die Entdeckung Lehmbrucks, die er sonst in seine frühere Schulzeit hinein datierte (Bücherverbrennung 1933), nach der hauptsächlichen Beschäftigung mit der Naturwissenschaft einordnen.
Es ist hier nicht der Ort, die reale Bedeutung von Lehmbruck für Beuys zu thematisieren,[137] wohl aber muss der Frage nachgegangen werden, welche Aspekte realer Kunsterfahrung den Hintergrund von Beuys' Entscheidung 1943 gebildet haben können. Dazu sagte Beuys 1970 selbst in einem Gespräch mit Rolf-Gunter Dienst:

> Man darf vor allen Dingen nicht vergessen, daß ich in einer Zeit groß geworden bin, die mir überhaupt keine künstlerischen Informationen gab. Ich bin 1921 geboren, und man kann sich vorstellen, daß ich in der Hitler-Zeit, in der ich aufgewachsen bin, noch sehr jung war. Was man damals an Kunstproduktion sah, war sicher nicht das, was man mit dem Begriff Kunst verbinden konnte. Insofern war ich einfach neugierig.[138]

Ähnlich stellte Beuys es in einem Gespräch mit Georg Jappe im Jahr 1976 dar:

> Man muß denken, ich bin in einer Zeit auf der Schule gewesen, wo erstens mal kaum über Kunst was gesprochen wurde, und wenn man etwas sah von Kunst, dann waren es Nazibilder, die irgendwo in den Gängen hingen [...].[139]

1972 beschrieb Beuys die Bedeutung der Lehmbruck-Erfahrung wie folgt:

> Ja, sagen wir es etwa so: Ich bin in der Hitlerzeit aufgewachsen, und zwar auf dem Lande, in einem kleinen Dorf. In diesem Bereiche konnte ich nichts wahrnehmen von Kunst, was nicht geprägt war durch den Charakter der Hitlerzeit. Das einzige, was mich beeindruckte, war, als ich zufällig

137 Vgl. dazu ausführlich Ron Manheim: Die zu schützende Flamme. Joseph Beuys und seine Lehmbruck-Rezeption. In: *Kunstchronik. Monatsschrift für Kunstwissenschaft, Museumswesen und Denkmalpflege* 62,3 (2009), S. 105–114.

138 Rolf-Gunter Dienst: Joseph Beuys. In: Ders.: *Noch Kunst. Neuestes aus deutschen Ateliers.* Düsseldorf: Droste 1970, S. 26–47, hier S. 28.

139 Georg Jappe: *Beuys packen. Dokumente 1968–1996.* Regensburg: Lindinger + Schmid 1996, S. 206–220, hier S. 211–212. Das Gespräch zum Thema „Schlüsselerlebnisse" fand am 27.09.1976 statt.

> in einer älteren Schulbibliothek einmal ein paar Fotos von Lehmbruck fand. Dort wurde ich zum ersten Mal mit einem Kunstwerk konfrontiert, und das spürte ich innerlich. Ich spürte den grundsätzlichen Unterschied zwischen einem falschen Realismus und demjenigen, was Kunst sein könnte. Es ist nun nicht so, daß Lehmbruck später in meinem Leben noch eine besonders große Bedeutung gehabt hätte. Lediglich quasi in Differenzialdiagnose konnte ich zu einer Zeit feststellen, als es keine echte Kunst gab, was Kunst ist.[140]

Auch hier hob er das Fehlen von Anregungen zur Kunst in seiner Kindheit und Schülerzeit hervor und legte damit ein umso größeres Gewicht auf die Lehmbruck-Erfahrung, die er dann allerdings für seinen weiteren Weg stark relativierte.
Man darf aber mit einiger Sicherheit behaupten, dass Beuys seine kindliche und jugendliche Kunsterfahrung hier sehr verkürzt und verfälschend darstellte. Auf jeden Fall war er ein musisch begabtes Kind. Er spielte Cello im Bann-Orchester der Hitler-Jugend und beherrschte darüber hinaus auch das Klavierspiel, auch wenn sich kaum feststellen lässt, wie weit er dabei konkret gekommen war.[141]
In der Schule gab es Zeichenunterricht, auch auf dem Gymnasium. Dabei fiel Beuys durch seine besondere Begabung auf. Sein Schulfreund Wilhelm van den Boom berichtete:

140 Herzogenrath: [Gespräch mit] Joseph Beuys, S. 23. Es ist erstaunlich, dass trotz dieser bereits 1972 erfolgten, und 1973 veröffentlichten, relativierenden Aussage von Beuys („Es ist nun nicht so, daß Lehmbruck später in meinem Leben noch eine besonders große Bedeutung gehabt hätte.") auch in der seriösen Kunstwissenschaft an der objektiven Gültigkeit seiner Überhöhung der Lehmbruck-Erfahrung in der kurz vor seinem Tod gehaltenen Preisverleihungsrede festgehalten wird. Vgl. z. B. Bettina Paust: Die schöpferische Kraft des Feuers im Werk von Joseph Beuys. In: Dies. / Johannes Bilstein / Peter M. Lynen / Hans Peter Thurn (Hrsg.): *Aufbauen – Zerstören. Phänomene und Prozesse der Kunst*. Oberhausen: Athena 2007, S. 79–92, hier S. 90–91. Wunderbar nüchtern klang es bei Beuys noch 1968: „Ich habe Portraits gemacht, Plastiken, ich habe ganz einfach angefangen, Dinge zu modellieren, Stein und Holz zu bearbeiten, um irgend etwas zu erfahren. [...] Dann bin ich auf die Akademie gegangen, denn ich hatte keine Ahnung, nur das Bedürfnis oder eine vage Vorstellung, wie das eben so ist." (Dr. Müller: Interview mit J. Beuys. In: *Galerie-Spiegel. Monatsschrift der Münchner Galerien*, Juli/August 1968, o. P.)

141 Beuys soll als 10-jähriger Schüler 1931 als Solist bei einem Schülerkonzert drei kurze Klavierstücke gespielt haben. Vgl. Hoffmans: *Beuys. Bilder eines Lebens*, S. 9.

> Konkrete Erinnerungen an Gespräche mit Joseph Beuys über Kunst habe ich nicht. Im Unterricht spielte Kunst aber durchaus eine große Rolle und die Beteiligung von Beuys war beim Kunstunterricht von besonderer Qualität. Ich erinnere mich an ein großes Wandgemälde, das unter dem Kunstlehrer Richter entstand. Es war wohl etwa 1 x 4 bis 5 Meter groß. Beuys schuf die großen Linien und die Figuren, andere arbeiteten Details aus, ich zum Beispiel Blumen. Auch Kunstbetrachtung spielte eine Rolle, namentlich behandelte der Lehrer Richter die Alten Meister,[142] aber auch die damals gefeierte Kunst von Leuten wie Arno Breker kam zur Sprache. 1937 wurde auch über die Ausstellung ‚Entartete Kunst' gesprochen, natürlich der Moderne gegenüber durchaus kritisch.[143]

Ähnlich berichtete Franz Joseph van der Grinten, Beuys habe schon als Schüler „künstlerisches Ansehen" genossen und es hätten zwei Aquarelle von seiner Hand im Treppenhaus der Schule gehangen, was eine Ausnahme gewesen sei.[144]

Dass Beuys in seiner Jugend „überhaupt keine künstlerischen Informationen" zur Verfügung gestanden hätten, muss man noch aus weiteren Gründen als nachträglich Kontrast schaffende Konstruktion einschätzen. Selbstverständlich gab es auch in Kleve ältere Skulpturen im öffentlichen Raum und in den Kirchen. Darüber hinaus ist bekannt, dass Beuys als Jugendlicher mehrmals den in Kleve lebenden flämischen Künstler Achilles Moortgat in dessen Atelier besuchte. Moortgat war von Hause aus Bildhauer, aber auch als Maler erfolgreich. Mit seinen Bildern gehörte er einer nachimpressionistisch orientierten Gruppe von flämischen Malern an, die in der Literatur die Schule von Dendermonde genannt wird. Auch wenn sich Moortgat der Reichskulturkammer angeschlossen hatte, so kann sein Werk keinesfalls als Nazikunst bezeichnet werden.[145]

142 Tatsächlich erwähnte Beuys selbst auch die Erinnerung an einen Film über Michelangelo, den er in der Schule gesehen habe: „daß mich da was ungeheuer dran fasziniert hat." (Vgl. Jappe: *Beuys packen*, S. 211.)

143 Von mir mit Wilhelm van den Boom geführtes Gespräch, Kleve, 04.05.2008.

144 Van der Grinten: Gespräch mit Joseph Beuys, S. 24.

145 Vgl. zu Moortgat: Guido de Werd: Achilles Moortgat, Bildhauer und Maler. In: *Achilles Moortgat 1881–1957. Ein flämischer Bildhauer und Maler am Niederrhein*. Kleve: Boss 1981, S. 7–18.

Interessant ist in diesem Zusammenhang auch eine von Beuys erwähnte Kindheitserfahrung, die er im schon genannten Gespräch mit Georg Jappe (1976) deutlich überhöht. Es handelte sich dabei um die Vorgeschichte der ursprünglich für den deutschen Pavillon der 37. Biennale (1976) von Venedig geschaffenen Rauminstallation *Trambahnhaltestelle*. Er bezog sich bei dieser Arbeit auf eine von ihm bereits in seiner Kindheit oft beobachtete historische skulpturale Gruppe, bestehend aus einer senkrecht aufgestellten sogenannten Feldschlange (Kanonenrohr) aus Gusseisen, um die herum vier teils in den Boden versenkte, ebenfalls aus Gusseisen gefertigte Mörserkessel platziert waren:[146]

> Ich kann sagen, daß mich der ‚Eiserne Mann' mein ganzes Leben beschäftigt hat, seine Topographie hat mich außerordentlich stark berührt und wahrscheinlich zur Bildhauerei gebracht. [...] und ich habe mich regelmäßig, wenn ich aus der Schule kam – weil da eine Umsteigestelle für die Straßenbahn war – da hingesetzt und habe mich da [...] ganz absinken lassen [...], in dieses, ja in dieses Gesehenwerden von den anderen Dingen. Ich habe wahrscheinlich oft stundenlang darauf gesessen und hab mich in die Sache versenkt, ganz einfach, bin eingegangen in diese Sache. Also das Erlebnis, daß ... man mit Formen etwas machen kann.[147]

Ganz ähnlich berichtete er 1979 gegenüber Keto von Waberer:

> Ebenso wie es da erstand, war es in meinem Kopf. Ich hatte genau dasselbe Bild schon als Kind. Das wurde dicht und kam in den Zustand, daß es jetzt realisiert werden konnte [...].[148]

Insgesamt kann hier festgehalten werden, dass Beuys schon vor dem Krieg reichlich mit Kunstwerken in Berührung gekommen war, die mit nationalsozialistischer Kunst nichts zu tun hatten.

146 Freundeskreis Museum Kurhaus / Koekkoek-Haus Kleve e. V. (Hrsg.): *Joseph Beuys. „Strassenbahnhaltestelle". Ein Monument für die Zukunft*. Ausstellungskatalog. Kleve: Museum Kurhaus 2000.

147 Joseph Beuys im Gespräch mit Georg Jappe, 1979, zit. n. *Joseph Beuys. ‚Straßenbahnhaltestelle'. Ein Monument für die Zukunft*. Ausstellungskatalog. Kleve: Museum Kurhaus – Ewald Mataré-Sammlung 2000, S. 9, 17.

148 Von Waberer: Das Nomadische, S. 203–204.

Dass die unmittelbare Bedeutung der Kriegserfahrungen in Russland 1944 zu Beuys' Konstruktion eines seine Entscheidung für die Kunst betreffenden persönlichen Mythos gehört, darf angenommen werden. Im Hinblick auf die Anmeldung für das Studium der Bildhauerei an der Kunstakademie in Berlin im Jahr 1943, als der offiziell hochgeschätzte Nazi-Bildhauer Arno Breker dort die künstlerische Leitung hatte,[149] muss gefragt werden, welche Vorstellung Beuys zum Zeitpunkt dieses Beschlusses von Kunst gehabt haben könnte. Die erste große Beuys-Monografie von 1973, zu der er selbst aktiv beigetragen hat, gibt unter Angabe der Jahreszahl 1938 einige Informationen. Es werden die Besuche bei Achilles Moortgat und dessen Beeinflussung durch Constantin Meunier und George Minne erwähnt, was wiederum „nicht ohne Wirkung auf Beuys bleiben sollte."[150] Beuys habe sich sehr für nordische Geschichte und Mythologie interessiert, was man aber auf keinen Fall dem „Zeitgeist" zuschreiben dürfe.[151] Bezüglich Beuys' literarischer Interessen wird auf Knut Hamsun hingewiesen, und zwar zusammen mit „der gesamten skandinavischen Literatur".[152] Sehr zu Recht wird auf seine Lektüre deutscher Autoren der Romantik hingewiesen. Es ist durchaus möglich, dass er viele der dazugehörenden Autoren unabhängig von der nationalsozialistischen, korrumpierten Romantik-Begeisterung gelesen hat. Einen sehr guten Einblick in die Ausrichtung seines literarischen Interesses geben seine eigenen poetischen Proben, die aus den Jahren der Kriegsteilnahme stammen. Sie wurden von der Witwe des Künstlers, Eva Beuys, in einem besonders schönen Band mit Briefen, kultur- und

149 Vgl. Christine Fischer-Defoy: *Kunst Macht Politik. Die Nazifizierung der Kunst- und Musikhochschulen in Berlin*. Berlin: Elefanten Press 1988, S. 115.

150 Adriani / Konnertz / Thomas: *Joseph Beuys*, S. 12.

151 Ebd., S. 13.

152 Ebd. Es sei hier daran erinnert, dass Hamsun in der Zeit des Nationalsozialismus in Deutschland hoch angesehen war. Der Autor schaffte es sogar, den „Führer" auf dem Obersalzberg zu besuchen! Das muss Beuys natürlich nicht gewusst haben, ebenso wenig wird er Hamsun als den Antisemiten erfahren haben, der er tatsächlich war. (Vgl. Podiumsdiskussion. „Alles nur Kunst?" Knut Hamsun. In: Raimund Wolfert (Hrsg.): *Alles nur Kunst? Knut Hamsun zwischen Ästhetik und Politik*. Berlin: BWV 1999, S. 119–144, hier S. 124.) Sogar ein ausgesprochener Bewunderer von Hamsun aber, der Autor Joseph von Westphalen, meinte: „Für mich ist bei Hamsun kein Faschismus im Werk, man spürt nur die Keime dessen, zum Beispiel in der Lebensverneinung, Todessehnsucht, Frauenverachtung, und den Hass." (Ebd., S. 122.)

kunstpolitischen, poetischen und vorbereitend für Reden festgehaltenen Texten veröffentlicht.[153] Auf einem Blatt mit der redaktionellen Datierung „-1941-" findet man ein poetisches Gespräch zwischen einem Jüngling und einer Jungfrau, in dem der erstere in der Form hochromantischer Zeilen der Jungfrau seine Liebe erklärt, worauf sie in leidenschaftlichen Worten den Wunsch äußert, er möge sie in Marmor bildhauerisch verewigen.[154]

Es ist gewiss nicht vermessen, gerade in diesen Zeilen ein Indiz für Beuys' Hinwendung zur zunächst von Moortgat angeregten Bildhauerkunst zu vermuten. Es scheint sich bei Beuys tatsächlich um die romantische Vorstellung des Bildhauerberufs gehandelt zu haben und keineswegs um irgendeine Sympathie für die Werke der Thoraks und Brekers, die zu jenem Zeitpunkt in Berlin den Ton angaben. Dieser Hang zur Romantik ist aber etwas ganz anderes als die Stilisierung zum aufsässigen, kulturhungrigen jugendlichen Leser, als den er sich in der Biografie von 1973 darstellte: „Ich war darauf aus, alles in mich aufzunehmen, was während der Hitlerzeit verboten war."[155] Tatsächlich findet sich kein einziger Hinweis darauf, dass er z. B. Bücher jüdischer oder linker Autoren gelesen hätte, dafür hatte er aber während des Krieges u. a. einen Band der Werke von Heinrich Lersch (1889–1936) dabei,[156] dem Dichter der einflussreichen Gedichtzeile: „Deutschland muss leben, und wenn wir sterben müssen!", der den Nationalsozialismus verherrlichte.[157] Noch die Werke, die Beuys in den allerersten Jahren nach Kriegsende schuf, lassen keinen deutlichen Bruch mit der Tradition von Malerei, Zeichenkunst oder Skulptur erkennen. Vielmehr gibt es in jenen Jahren erste Merkmale des Suchens nach anderen Wegen, die dann erst während und nach der persönlichen Krise in der zweiten Hälfte der 1950er Jahre zu einem radikalen Neuanfang führen werden. Dass diese Krise und die Erarbeitung eines völlig neuen Ansatzes auch

153 Beuys (Hrsg.): *Joseph Beuys. Das Geheimnis der Knospe zarter Hülle.*

154 Joseph Beuys: o. T. In: Ebd., S. 297–299.

155 Adriani / Konnertz / Thomas: *Joseph Beuys*, S. 13.

156 Vgl. Josef [*sic*] Beuys an seine Eltern, 28.05.1943, S. 279 (Transkription). Ebenfalls hatte er, laut derselben Quelle, einen Band von Ernst Bertram dabei, der sich 1933 öffentlich für die Bücherverbrennung begeistert hatte.

157 Vgl. Hans Sarkowicz / Alf Mentzer: *Literatur in Nazi-Deutschland. Ein biografisches Lexikon.* Erw. Neuausgabe. Hamburg / Wien: Europa 2002, S. 301–303.

mit den Kriegserfahrungen zusammenhängen, darf ohne weiteres als sicher angesehen werden, aber einen unmittelbaren Einfluss auf seine Entscheidung zum Künstlerberuf haben diese nicht gehabt, da er sie schon 1943 getroffen hatte.

6. Die Kriegsursachen

So karikaturhaft wie Beuys' Bemerkung über die NS-Verbrechen waren auch seine Aussagen über die Ursachen des Zweiten Weltkriegs.

> Ich wußte natürlich, daß alles ein Ergebnis des Versailler Vertrages war. Das war mir klar, daß dieser Vertrag ein Unding war für Europa und ganz speziell auch für Deutschland, aber es war mir natürlich auch nur in der Form klar, wie es mir beigebracht wurde durch meine Lehrer, die ich verehrte, auch noch heute verehre.[158]

Beim Zweiten Weltkriegs – „Ich wußte natürlich …" – handelte es sich also offenbar um ‚Wissen', das ihm seine Lehrer in Kleve beigebracht hatten. Zwar gestand er hier ein, dass diese zu dieser Frage seine einzige Quelle gewesen seien, eine Andeutung von dadurch begründetem Zweifel enthält diese Aussage nicht. Es sei auch hier nochmals darauf hingewiesen, dass Beuys bei dieser Verehrung auch noch 1982 keinen seiner früheren Lehrer ausnahm, weder den in Uniform unterrichtenden Nazi und Antisemiten Hanns Schwarz noch den Geschichtslehrer und Schulleiter, den Nationalisten und Antisemiten Wilhelm Schiefer.[159]

> Daß wir so einen Staat haben, liegt an der Ohnmacht der Leute, daß wir **Hitler** gehabt haben, liegt an der Ohnmacht unserer Universitätsprofessoren. Nicht der **Hitler** war Schuld; es waren die Intellektuellen, die Universitätsprofessoren, nicht nur in Deutschland, sondern auch in den andern Ländern. Die haben sich das ganz schön angesehen und haben den Mund zugemacht. Deswegen sage ich: Diese Universitätsprofessoren sind schuld an beiden Weltkriegen. Ich nehme (führe/Hrsg.) all diese

158 Müller: Penthouse-Interview, S. 98.

159 Siehe zu den Lehrern seiner Schule in Kleve hier S. 50–56.

> Schuldfragen zurück auf die Menschen und nicht auf einzelne Figuren wie **Hitler**. Der wurde doch regelrecht dahin gebracht. Der **Hitler** war ein pathologischer, kranker Mann, und die anderen waren Feiglinge, d.h. sie waren ohnmächtig.[160]

Hier benannte Beuys ganz pauschal „die Universitätsprofessoren" als die alleinigen Schuldigen, sowohl an beiden Weltkriegen als auch – in einer differenzlosen Reihe – an den Strukturen der Bundesrepublik: „dass wir so einen Staat haben". In völliger Ausblendung jedes historischen Wissens nahm Beuys hier Schuldzuweisungen vor, die für keinen der drei genannten Fälle auch nur im Entferntesten realitätsnah waren. An Absurdität nicht zu übertreffen, ist die Behauptung, auch „die Universitätsprofessoren" anderer Länder seien an der Machtübernahme Hitlers und seiner Kriegsführung mitschuldig gewesen. Man kann und muss zuletzt hier ungeschmälert feststellen, dass Joseph Beuys in Fragen historischen Wissens zeitlebens nicht über die Einsicht eines sehr mittelmäßigen Schülers der 1930er Jahre hinausgekommen war.

7. Die Aktualität von Auschwitz

Um 1980 herum hat Beuys sich mehrmals zu der Bedeutung geäußert, die der Begriff „Auschwitz" als Bezeichnung für das Phänomen der Konzentrations- und Vernichtungslager insgesamt für ihn hatte und zwar im Zusammenhang mit von ihm materiell realisierten Werken, die einen direkten Bezug zu Auschwitz haben.

Zunächst handelt es sich dabei um die sogenannte Auschwitz-Vitrine, eine dreidimensionale Komposition aus sehr unterschiedlichen Objekten, die den Titel *Auschwitz Demonstration* (1956–1964) trägt und seit 1968 Teil des sogenannten *Block Beuys* im Hessischen Landesmuseum Darmstadt ist. Aber auch die beiden kleinen Werke *KZ = Essen 1* und *KZ = Essen 2* (beide 1963) haben mehrere Male zu Fragen nach dem Verhältnis von Beuys zum historischen Phänomen „Auschwitz" Anlass gegeben.

160 Joseph Beuys / Frans Haks: *Das Museum. Ein Gespräch über seine Aufgaben, Möglichkeiten, Dimensionen.* Wangen: FIU 1993, S. 27–28 (Herv. u. Anm. in Klammern i. Orig.).

Mehrere Objekte aus der Auschwitz-Vitrine entstanden im Rahmen von Beuys' Beitrag zum Wettbewerb für ein Denkmal im Konzentrationslager Auschwitz. Dieser Wettbewerb wurde 1957 international ausgeschrieben und Beuys war einer von den 665 Künstlerinnen und Künstlern, die sich daran mit insgesamt 426 Beiträgen beteiligten.[161] Dies bedeutet, dass Beuys sich schon früh, nämlich Ende der 1950er Jahre, intensiv mit Auschwitz beschäftigte. Wie weit damals sein Wissen über die Rolle und das Funktionieren von Auschwitz in der Zeit des Nationalsozialismus reichte, lässt sich nicht feststellen. Vielleicht hat er in britischer Gefangenschaft Filmmaterial über die Befreiung von Auschwitz gesehen, sicherlich aber hat ihn in den ersten Nachkriegsjahren die Berichterstattung über die Nürnberger Prozesse gegen die wichtigsten Personen des nationalsozialistischen Staates erreicht. Da aber sein Entwurf schon vor dem 15. März 1958 abgegeben wurde, kann er damals noch nicht die sehr eindringlichen Ergebnisse des Frankfurter Auschwitz-Prozesses ab 1963[162] rezipiert haben, durch den zum ersten Mal das Ausmaß der Verbrechen stärker öffentlich bekannt wurde.

Beuys hatte für dieses Denkmal eine Reihe von drei „Wahrzeichen" in der Form von auf hohen Trägern stehenden Trapezformen auf der Schienen-Achse zwischen den Lager-Einheiten Auschwitz-Birkenau BI und Auschwitz-Birkenau BII konzipiert. Das erste „Wahrzeichen" sollte auf dem Eingangstor der Bahngleise stehen. Das zweite in der Mitte der Bahnstrecke innerhalb des Lagers, also etwa in der Höhe zwischen BIIc und BIId; das dritte dort, wo die Bahnstrecke endete, also im Bereich zwischen den Gaskammern / Krematorien. Die beiden

161 Vgl. zu diesem Wettbewerb: Kathrin Hoffmann-Curtius, in Zusammenarbeit mit Sigrid Philipps: *Bilder zum Judenmord. Eine kommentierte Sichtung der Malerei und Zeichenkunst in Deutschland von 1945 bis zum Auschwitz-Prozess.* Marburg: Jonas 2014, S. 155–160, 195–208; Katharina Stengel: *Hermann Langbein. Ein Auschwitz-Überlebender in den erinnerungspolitischen Konflikten der Nachkriegszeit.* Frankfurt am Main: Campus 2012, S. 313–342; Stephan Rößler: Joseph Beuys' Modell für ein Mahnmal in Auschwitz-Birkenau. In: *Rheinsprung 11. Zeitschrift für Bildkritik* 2 (2011), S. 216–222. Rößler gibt eine Zusammenstellung aller bei Beuys vorhandenen Dokumente und Materialien zu dem Wettbewerb.

162 Vgl. Peter Jochen Winters: Der Frankfurter Auschwitz-Prozess. Ein Rückblick 50 Jahre nach dem Urteil. In: *Aus Politik und Zeitgeschichte*, 16–17/2015. https://www.bpb.de/apuz/204287/der-frankfurter-auschwitz-prozess (Zugriff am 12.07.2021).

ersten („Betonwahrzeichen" genannt) sollten das Auge auf das dritte und wichtigste Element („Denkmal" / „Plastik" mit „Leuchter") richten:

> Beide Betonwahrzeichen sollen die Atmosphaere des Konzentrationslagers unterstreichen, steigern und zusammenfassen. So sind diese beiden Plastischen Koerper einerseits einem dynamischen Zweck unterworfen und tragen außerdem noch einen Stimmungswert. Bei dem Denkmal kam es darauf an, eine Metapher zu suchen, um der vielschichtigen Bedeutung gerecht zu werden. Die Plastik ist Leuchter, Schale, Kristall, Blume, Monstranz. Die Morgensonne soll sich darin vielfaeltig brechen und durch den Glanz des polierten Silbers weit ausstrahlen.[163]

Man muss sich fragen, was Beuys sich unter der zu steigernden und zusammenzufassenden Atmosphäre vorgestellt haben könnte, zumal er den Ort nicht besucht hatte. Sollte es die Verlorenheit und verzweifelte Machtlosigkeit sein, die man noch heute bei der Begehung des Lagers spürt? Dazu steht das Element des Lichts der Morgensonne im direkten Gegensatz, ebenso der Vergleich des Reflektors mit einer Blume oder gar einer Monstranz. Die hier zitierte Intention scheint völlig losgelöst zu sein von der Wirklichkeit des Lagers Auschwitz, die erst nach und nach ins allgemeine öffentliche Bewusstsein durchdrang. Die von Beuys angeführten Begriffe „Leuchter, Schale, Kristall, Blume, Monstranz" verweisen zusammengenommen auf eine christlich-esoterische Wirkungsabsicht. Es ist kaum vorstellbar, dass sich Beuys mit den verschiedenen Funktionen der Bauten beschäftigt

163 Mario Kramer: Zu den Entwürfen von Joseph Beuys für ein Mahnmal für Auschwitz. In: Stiftung Museum Schloss Moyland, Sammlung van der Grinten, Joseph Beuys Archiv des Landes Nordrhein-Westfalen (Hrsg.): *Beuys. Energieplan.* Ausstellungskatalog. Bedburg-Hau: Museum Schloss Moyland 2010, S. 145–155, hier S. 145–147. Auffallend ist die naive Herangehensweise des Autors. Dass Beuys seinen Entwurf mit einer Kennnummer versah, die sein Geburtsdatum enthielt, deutete Kramer unkritisch als Hinweis auf ähnlich lange Nummern, welche die Gefangenen von Auschwitz in den Unterarm eintätowiert bekamen. Der Gedanke, dass es sich bei der betreffenden Nummer um eine reale Person handeln könnte, kam bei Kramer nicht auf. Tatsächlich wurde die von Beuys verwendete Nummer, 125921, für einen Menschen eingesetzt, der mit einem Transport des RSHA aus Drancy am 25.06.1943 in Auschwitz ankam; die nicht sofort ermordeten Menschen aus diesem Transport erhielten die Nummern 125858 bis 126240 (vgl. Danuta Czech: *Kalendarium der Ereignisse im Konzentrationslager Auschwitz-Birkenau 1939–1945.* Reinbek: Rowohlt 1989, S. 528).

hat, die auf dem Grundplan, der zu den Wettbewerbsunterlagen gehörte, ausgewiesen wurden, denn genau dort, wo er das symbolbeladene „Denkmal" errichten wollte, befand sich die Endstation, die berüchtigte Ankunfts- und Selektionsrampe, links und rechts flankiert von den ersten beiden Krematorien von Birkenau.

In der oben genannten Auschwitz-Vitrine (1956–1964) findet sich ein wohl aus dem Zusammenhang des Wettbewerbs stammendes, mehrfach gefaltetes Übersichtsfoto des Birkenau-Geländes. Ansonsten besteht die Vitrinenkomposition aus einer Reihe disparater Objekte, wie einige vertrocknete Würste, ein kleiner Herd mit zwei Kochplatten, auf denen je ein offenbar schmelzbarer Fettklumpen ruht, und ein Behälter mit einer vertrockneten toten Ratte. Mehrere Teile des von Beuys eingereichten und später zurück erhaltenen Wettbewerbsmodells fanden ihren Platz in anderen Werkzusammenstellungen.[164]

Der Wissensstand von Beuys, was die Realität von Auschwitz und den KZs im Allgemeinen betrifft, hätte um 1980, als die hier nun folgenden Äußerungen getätigt wurden, weit umfangreicher sein können als zum Zeitpunkt seiner Teilnahme am Auschwitz-Wettbewerb. So wurde z. B. ab den 1960er Jahren der Nationalsozialismus nach und nach in die Schul-Curricula aufgenommen, ab 1961 der Eichmann-Prozess in Jerusalem weltweit öffentlich beachtet, ab 1975 über den Düsseldorfer Majdanek-Prozess berichtet und ab Januar 1979 der vierteilige amerikanische Fernsehfilm *Holocaust – Die Geschichte der Familie Weiss* (US 1978, R: Marvin J. Chomsky) ausgestrahlt, der sehr viel Beachtung fand und sehr viele widerstreitende Diskussionen auslöste.

Im ersten der hier nun folgenden Zitate reagiert Beuys 1978 während der Vorbereitungen für seine große Ausstellung im Guggenheim Museum in New York (1979) direkt auf eine Frage nach der Rolle und der beabsichtigten Wirkung der Auschwitz-Vitrine im *Block Beuys* im Hessischen Landesmuseum Darmstadt, die in New York ausgestellt werden sollte. Dabei greift er aber zunächst auf den Titel eines anderen KZ-bezogenen Werks zurück, das sich heute in der Neuen Galerie in Kassel befindet.

164 Vgl. Kramer: Zu den Entwürfen, S. 145–155. Vgl. dazu auch Mario Kramer: „Auschwitz Demonstration" 1956–1964. In: Eckhart Gillen (Hrsg.): *Deutschlandbilder. Kunst aus einem geteilten Land*. Ausstellungskatalog Martin-Gropius-Bau. Berlin / Köln: DuMont 1997, S. 293–303.

I do not feel that these works were made to represent catastrophe, although the experience of catastrophe has certainly contributed to my awareness. But my interest was not in illustrating it, even when I used the title **Concentration Camp Essen**. This was not a description of the events in the camp but of the content and meaning of catastrophe. That must be the starting point – like a kind of substance – something that surmounts **Concentration Camp Essen**. Similia similibus curantur: heal like with like, that is the homeopathic healing process. The human condition is Auschwitz, and the principle of Auschwitz finds its perpetuation in our understanding of science and political systems, in the delegation of responsibility to groups of specialists and the silence of intellectuals and artists. I have found myself in permanent struggle with this condition and its roots. I find for instance that we are now experiencing Auschwitz in its contemporary character. This time bodies are outwardly preserved (cosmetic mummification) rather than exterminated, but other things are being eliminated. Ability and creativity are burnt out: a form of spiritual execution, the creation of a climate of fear perhaps even more dangerous because it is so refined.[165]

165 Caroline Tisdall: *Joseph Beuys*. Ausstellungskatalog. New York: Solomon R. Guggenheim Foundation 1979, S. 21–23 (Herv. i. Orig.). Das Interview fand 1978 statt. Eine deutsche Übersetzung findet sich in Hessisches Landesmuseum (Hrsg.): *Der Beuys-Block im Hessischen Landesmuseum in Darmstadt. Blätter für Besucher 11*. Darmstadt o. J., Faltblatt o. P. Textbearbeitung und Übersetzungen: Barbara Strieder: „Diese Arbeiten wurden nicht geschaffen, um die Katastrophe darzustellen, obwohl deren Erfahrung sicherlich meine Achtsamkeit gefördert hat. Es lag nicht in meinem Interesse die Katastrophe zu illustrieren, auch wenn ich den Titel KONZENTRATIONSLAGER ESSEN wählte. Dies war keine Beschreibung der Ereignisse im Lager, sondern eine Beschreibung des Inhalts und der Bedeutung der Katastrophe. Der Ausgangspunkt muss etwas sein, das über KONZENTRATIONSLAGER ESSEN hinausgeht – wie eine Art von Substanz. Similia similibus curantur: Ähnliches wird mit Ähnlichem geheilt, der homöopathische Heilungsprozess. Die Lage der Menschen ist Auschwitz und das Prinzip von Auschwitz findet seine Fortsetzung in unserem Verständnis von Wissenschaft und politischen Systemen, in der Übertragung von Verantwortung auf Gruppen von Spezialisten und in dem Schweigen von Intellektuellen und Künstlern. Ich befand mich in einem ständigen Kampf mit dieser Lage und ihren Wurzeln. Ich finde beispielsweise, dass wir jetzt Auschwitz in seinem gegenwärtigen Charakter erleiden. Jetzt sind die Körper äußerlich wohlerhalten (kosmetische Mumifizierung) und nicht vernichtet, aber andere Dinge werden ausgelöscht. Talent und Kreativität sind ausgemerzt: eine Art geistiger Hinrichtung, die Entstehung eines Klimas der Angst, das vielleicht deshalb noch gefährlicher ist, weil es so raffiniert ist."

Bei den in Wirklichkeit *KZ = Essen 1* und *KZ = Essen 2* betitelten Werken[166] handelt es sich um kleine Objekte. Die Nummer 1 besteht aus einem Brocken Gipsmörtel und einer etwa sechs Zentimeter hohen, bemalten Konservendose; das zweite Werk besteht aus einer etwa 20 cm breiten Porzellanschale, in der, halb auf den Rand gelehnt, eine abgenutzte Nagelbürste ruht.

Dass weder diese Werke noch die Auschwitz-Vitrine das Phänomen „Auschwitz" repräsentieren können, ist offensichtlich. Trotzdem ist ein Teil des Inhalts dieser Vitrine von einer stumpfen Abscheulichkeit, die durchaus einen unmittelbaren Bezug zur Shoa heraufbeschwört. Dabei handelt es sich um die mumifizierte Leiche einer Ratte, die an nichts anderes erinnern kann als an die Auffassung der Nazis, bei Jüdinnen und Juden handele es sich um „Ungeziefer". Wie aber hier, bei den Objekten *KZ = Essen 1* und *KZ = Essen 2* und bei der Auschwitz-Vitrine Gleiches mit Gleichem geheilt werden soll, wie es die Homöopathie vorgibt, bleibt rätselhaft. Beuys kann wohl kaum gemeint haben, dass die paar genannten Werke das gesamte historische Phänomen „Auschwitz" rückwirkend hätten heilen können. Vielmehr setzte er hier „Auschwitz" mit der Realität der gegenwärtigen Gesellschaft gleich und stellte sich vor, diese mit Hilfe solcher Werke und ihrer Wirkung überwinden zu können. Vor allem bleibt schließlich die Frage offen, welche Vorstellung Beuys beim Begriff „Auschwitz" genau vor Augen gestanden haben mag.

Bereits im Dezember 1976 kam diese Thematik in einem Gespräch von Dieter Koepplin mit Beuys zur Sprache. Ersterer fragte ihn:

> An die reduzierende Wirkung der allgemeinen Spezialisierung dachtest Du wohl, wenn du gesagt hast, was natürlich schockiert, dass es dem Menschen im heutigen Wohlstand im Grunde schlimmer gehe als den Nazi-Opfern im KZ.[167]

166 Die irritierenden = Zeichen in den Werktiteln verunklären den Bezug. Trotzdem wird es sich kaum um das in der Nachkriegszeit wenig bekannte „SS-Arbeitskommando Fried. Krupp, Essen", ein Außenlager des KZ Buchenwald, gehandelt haben, sondern um einen Bezug zur Ernährung in einem Konzentrationslager. Vgl. für Abbildungen Lothar Schirmer (Hrsg.): *Joseph Beuys. Eine Werkübersicht. Zeichnungen und Aquarelle, Drucksachen und Multiples, Skulpturen und Objekte, Räume und Aktionen 1945–1985.* München: Schirmer Mosel 1996, Abb. 72, 73.

167 Dieter Koepplin: Interview mit Joseph Beuys am 1. Dezember 1976. In: Joseph Beuys / Caroline Tisdall / Dieter Koepplin: *Joseph Beuys. The Secret Block for a Secret Person in Ireland.* Ausstellungskatalog. Basel: Kunstmuseum Basel 1977, S. 19–27, hier S. 26.

Es darf angenommen werden, dass es sich hier nicht um die Ermordeten handelte, sondern um die lebenden KZ-Insassen. Die Antwort von Beuys darauf lautete:

> Ja, weil sie [d. h. die heutigen Menschen] nicht merken, dass ihnen praktisch die Seele aus dem Leib gerissen wird.[168]

Der Argumentationsfluss ist deutlich und Beuys führte diese Kritik an der zeitgenössischen Gesellschaft noch weiter aus. Man muss sich aber fragen, warum es einem Menschen in den 1970er Jahren, der nach Beuys' Darstellung geistig ausgebeutet wird, ohne dies bewusst zu spüren, schlechter gegangen wäre als Menschen, die zu nummerierten und bis zum Tod ausgebeuteten Sklaven herabgewürdigt worden waren, ohne jegliche Chance, ihre Lage wie auch immer zum Guten zu wenden. Mit dieser Argumentation reihte Beuys sich ohne weiteres unter diejenigen ein, die bis heute versuchen, die Shoa zu relativieren.
Ein weiteres, sehr ähnliches Zitat aus einem Gespräch mit Max Reithmann und Gaya Goldcymer im Jahr 1982 wurde in einer französischen Übersetzung veröffentlicht.

> Ce n'est qu'ainsi qu'on pourra surmonter Auschwitz, car Auschwitz existe encore, sous une autre forme. Ce qui existe aujourd'hui, ce n'est plus cette méthode primitive qui consiste à éliminer les hommes en les jetant au feu. Non, aujourd'hui on les élimine par cette sorte de commerce qui vide les hommes de l'intérieur et les rends esclaves de la consommation. Ce type de commerce les recouvre d'un maquillage superficiel. Ce maquillage opérant comme un ‹ miracle économique ›, leur arrache de l'intérieur l'âme du corps. Bien des jeunes ressentent ce vide. De plus en plus de gens se suicident, même dans les écoles. Cela signifie que les hommes ont déja été intérieurement et psychiquement détruits par ces méthodes à la Auschwitz. Donc, ces méthodes continuent d'exister, mais de façon plus raffinée.[169]

168 Ebd.

169 Max Reithmann / Gaya Goldcymer (Interviewer): Dernier espace avec introspecteur. Entretien avec Joseph Beuys. In: *Joseph Beuys. Par la présente, je n'appartiens plus à l'art.* Textes et entretiens choisis par Max Reithmann, aus d. Dt. v. Olivier Mannoni / Pierre Barossa. Paris: L'Arche 1988, S. 100–130, hier S. 121. Das Interview von Gaya Goldcymer und Max Reithmann mit Joseph Beuys fand 1982 statt. Auf Deutsch: „Nur so lässt sich Auschwitz überwinden, denn Auschwitz existiert

Die Vorstellung einer „primitiven" Tötungsmaschinerie war in einem extremen Maße verhüllend. Wie bereits oben ausgeführt, war das breite Publikum längst damit konfrontiert worden, dass es sich bei „Auschwitz" um auf der Grundlage antisemitischer, antiziganistischer und rassistischer Vorstellungen vollzogene Prozesse der Erniedrigung, Entmenschlichung, alle Lebenskräfte ausschöpfenden Ausbeutung, um hemmungslosen Sadismus und Gräuel, um Vernichtung und um noch nach dem Tod vollzogene Beraubung gehandelt hatte. Dies alles war nur auf der Grundlage einer zutiefst primitiven und die primitivsten Gefühle ansprechenden Ideologie möglich gewesen. Es kann nur erstaunen, dass Beuys hier den rassistisch-antisemitischen und bestialischen Charakter der Verbrechen und ihrer Grundlagen quasi beiseiteschiebt und das in den Jahren 1978 bis 1982 aktuelle Wirtschafts- und Gesellschaftsleben mit „Auschwitz" gleichsetzt. „Methoden wie in Auschwitz" diagnostiziert er als Grund für gesellschaftliche und wirtschaftliche Fehlentwicklungen. Dabei kann er die radikale Unmenschlichkeit mit ihren vom System ermöglichten Grausamkeiten wohl kaum vor Augen gehabt haben, die in Wirklichkeit das Leben und Sterben in den Vernichtungslagern prägte. Hier zeugt Beuys ganz eindeutig von einer Haltung der Verharmlosung, die mit dem Begriff Ausblendungsantisemitismus gut charakterisiert wäre.

Was man durch diese Ausführung von 1982 bestätigt findet, ist die Tatsache, dass es sich beim zuvor zitierten Gespräch nicht um eine einmalig aufgekommene Gedankenkonstruktion gehandelt hat, sondern dass Beuys sich hier auf eine gründlich durchdachte Argumentation stützte. „Psychische Zerstörung" unter Beibehaltung entleerter Körper sei raffinierter als die Tötungsmaschinerie während des Nationalsozialismus. Hier wird mehr als deutlich, dass Beuys eine Interpretation der Geschichte konstruierte, um damit seine Visualisierungen des

nach wie vor, nur in anderer Form. Was wir heute erleben, ist nicht mehr diese primitive Methode, dass man die Menschen vernichtet, indem man sie ins Feuer wirft. Nein, heute vernichtet man sie durch diese Art von Kommerz, die die Menschen im Inneren aushöhlt und zu Sklaven des Konsums macht. Diese Art von Kommerz lässt sich mit einer rein äußerlichen, wirtschaftswunderartigen Kosmetik vergleichen, die ihnen die Seele aus dem Leib reißt. Viele junge Menschen empfinden diese innere Leere. Immer mehr Menschen nehmen sich das Leben, selbst in den Schulen. Das heißt, dass die Menschen durch die Auschwitzmethoden bereits seelisch und psychisch zerstört worden sind. Diese Methoden existieren also weiter, nur auf subtilere Weise." (Rückübersetzung: Saskia Bontjes van Beek).

Phänomens „Auschwitz“ mit der Notwendigkeit einer umfassenden Umwälzung der zeitgenössischen Gesellschaft nach seinen Vorstellungen zu verknüpfen. Diese unmittelbare Identifizierung der gesellschaftlichen Gegenwart mit „Auschwitz“ und die Unterstellung, die gegenwärtige Mechanismen der Entseelung seien vielleicht gefährlicher als jene in den damaligen Vernichtungslagern, zeigen, dass sich Beuys kaum eine Vorstellung von den Shoa-Realitäten gemacht haben konnte und auch nicht hat machen wollen. War Beuys in seiner Beschäftigung mit dem Begriff „Auschwitz“ im Denken und Fühlen des ersten Nachkriegsjahrzehnts stecken geblieben? Hatte er keine Ahnung von den Dimensionen des eliminatorischen Antisemitismus, der nicht nur zum Tod von Millionen führte, sondern durch den auch ganze Kulturkreise, kulturelle Traditionen und kulturelle Netzwerke ausradiert wurden?[170]

Man kommt nicht umhin, sich die Frage zu stellen, welche Vorstellungen über Judentum im Denken von Joseph Beuys hier, aber auch bei seinen Aussagen über seine Schulerfahrungen in Kleve herrschten. Es ist keine Aussage von Beuys überliefert worden, durch die man bei ihm unmittelbar auf ein Vorhandensein antisemitischer Vorstellungen oder Vorurteile schließen könnte. Zu krass sind aber der Vergleich der Gesellschaft um 1980 mit „Auschwitz“ und die Schmälerung oder gar Leugnung des Schicksals der Juden in Kleve und der Verhältnisse in der von ihm erlebten Schule, als dass man von einer diesbezüglich unproblematischen Haltung sprechen könnte. Offensichtlich spielen hier Verdrängung und ein eklatanter Mangel an Empathie eine Rolle.[171]

170 Hart geht mit dieser Position von Beuys auch Max Reithmann ins Gericht. Er qualifiziert die diesbezüglichen Aussagen von Beuys zu Recht als „ungeheuerlich“, stellt aber fest, dass der Künstler damit „im Widerspruch zu seinen eigenen Intentionen“ stehe. Ein Grund für diesen Widerspruch findet sich bei Reithmann auch nicht versuchsweise. Vgl. Max Reithmann: Wege im Schatten der Geschichte. Zu Paul Klees „Kosmische Reise zu Schiff“ und Joseph Beuys' „Palazzo Regale“ mit einigen Anmerkungen zum Kontext der Paideia im Erweiterten Kunstbegriff. In: Hessisches Landesmuseum Darmstadt (Hrsg.): *Joseph Beuys. Verbindungen im 20. Jahrhundert. Eine Tagung im Hessischen Landesmuseum Darmstadt 5./6. Mai 2000.* Darmstadt: Hessisches Landesmuseum 2001, S. 36–76, hier S. 47.

171 In dieser Hinsicht war Beuys der inneren Haltung von Martin Heidegger nahe, der meinte, die zeitgenössische Landwirtschaft sei „motorisierte Ernährungsindustrie“ und deswegen „im Wesen dasselbe wie die Fabrikation von Leichen in Gaskammern und Vernichtungslagern“. (Zit. n. Hans-Peter Kunisch: *Todtnauberg. Die*

Dieser vollständige Mangel an Empathie ist etwas anderes als die Verdrängung etwaiger Schuldgefühle, wie sie in den ersten Nachkriegsjahren in Deutschland allgemein herrschte, als man nur nach vorn schauen wollte, ohne sich vom Nachdenken über die eigene Verantwortung für Missstände und Verbrechen während der gerade zu Fall gebrachten Herrschaft des Nationalsozialismus stören zu lassen. Darüber hinaus herrschten nach wie vor die auch schon vor der NS-Zeit weit verbreiteten antisemitischen Ressentiments, nun ergänzt um Unmut über eingewanderte und in sogenannten DP-Camps untergebrachte überlebende Jüdinnen und Juden aus ganz Osteuropa und um Unverständnis gegenüber „Wiedergutmachungsleistungen".[172] Für die Zeit der 1970er und 1980er Jahre kann man dies alles aber nicht mehr gelten lassen. Nun zeigte sich bei Beuys eher eine radikale Abwendung von der historischen Realität, die es ihm ermöglichte, abenteuerliche und abstoßende Geschichtskonstruktionen zu entwickeln, ausschließlich mit dem Ziel, mit diesen Zerrbildern sein Wirken für eine ganz andere Gesellschaft zu unterstützen. Dass dies auf Kosten eines realen Geschichtsbilds geschah, unter Leugnung millionenfachen Leids, berechtigt zu der Erwägung, ein solches Phänomen mit dem Begriff Ausblendungsantisemitismus zu charakterisieren.

8. Das deutsche Volk

Im Wintersemester 1968/69, während einem der vielen Gespräche, die Beuys an der Düsseldorfer Kunstakademie mit seinen Studenten führte, ging es auch um die Haltung des „deutschen Volkes" in der Zeit des Nationalsozialismus. Johannes Stüttgen, einer seiner über Jahre hinweg treuesten Unterstützer, hat in seinem 2008 erschienenen Buch *Der Ganze Riemen* nicht nur die Ereignisse der Akademiejahre mitsamt den damals wichtigen Dokumenten festgehalten, sondern auch kürzere und längere Darlegungen von Joseph Beuys. Allerdings

Geschichte von Paul Celan, Martin Heidegger und ihrer unmöglichen Begegnung. München: dtv 2020, S. 309.) Vgl. zum damit zusammenhängenden metaphysischen Antisemitismus von Heidegger: Donatella di Cesare: *Heidegger, die Juden, die Shoa.* Frankfurt am Main: Klostermann 2016.

172 Vgl. dazu Monika Halbinger: *Das Jüdische in den Wochenzeitungen* Zeit, Spiegel *und* Stern *(1946–1989). Berichterstattung zwischen Popularisierungsbemühung, Vereinnahmung und Abwehr.* München: Lang 2010.

betont Stüttgen in seinem editorischen Hinweis, dass es sich hier nicht um wortwörtliche Zitate handelt, sondern um „künstlerische Rekonstruktionen."[173] Dass die folgende von ihm veröffentlichte Aussage aber ausreichend authentisch Gedankengänge von Beuys selbst wiedergibt, mag aus dem weiteren Zusammenhang deutlich werden.

> Wenn damals Hitler so hochkommen konnte, [...] dann lag das daran, dass das in der Zeit lag. Unheimlich viele waren davon infiziert, z. B. von diesem Judenhass, diesen Rassenwahnideen oder diesem ‚Blut und Boden'. Hitler war nur ein besonders geeignetes Medium dafür. In ihm konzentrierte sich eben das auf besonders geeignete Weise, wovon unheimlich viele innerlich besessen waren. Alle die, die jetzt alles auf Hitler als Person schieben wollen, wollen doch nur von sich selbst ablenken. Nee, das war schon das deutsche Volk als Gesamtes. Und ich sage ja: die paar Intellektuellen, was hatten die dagegen zu setzen? Welche Ideen hatten die? Den abstrakten Kommunismus oder bloß einen unverbindlichen Pluralismus, wie er ja auch heute herrscht. Das soll überzeugend sein? Nee, dieses deutsche Volk stand insgesamt gegen die Zeitströmung im Ganzen, gegen das herrschende positivistische, angelsächsische Prinzip. Allerdings nicht in Klarheit im Sinne eines wirklich Neuen, sondern im Sinne von einem Atavismus, z. B. einem großgermanischen Reich. [Wortlaut in der „künstlerischen Rekonstruktion" von Johannes Stüttgen][174]

An dieser Aussage ist mehreres bemerkenswert. Zunächst die unmissverständlich negative Erwähnung von „Judenhass", „Rassenwahn" und „Blut und Boden." Es liest sich heute wie eine Selbstverständlichkeit. Das gilt aber nicht für die dann anschließende Behauptung, es habe sich insgesamt um eine Geisteshaltung gehandelt, die von allen geteilt worden sei. Auf ein kritisches Geschichtsbild lässt sich daraus nicht schließen. Nach der Darstellung von Beuys hätten weder Juden, Sinti und Roma, Kommunisten, Sozialdemokraten, Homosexuelle, Zeugen Jehovas noch Widerstandskämpfer zum damaligen „deutschen Volk" gehört. In der Fortsetzung der Aussage wird dann aber klar, worauf Beuys abzielte: „dieses deutsche Volk stand insgesamt gegen die Zeitströmung im Ganzen", womit eine im Grunde positive,

173 Stüttgen: *Der Ganze Riemen*, S. 18.
174 Ebd., S. 447.

kritisch-ablehnende Haltung der westlichen Demokratie gegenüber gemeint ist. Bedauernswert sei nur gewesen, dass „Klarheit im Sinn eines wirklich Neuen" gefehlt habe. Und genau da knüpft die Position von Beuys an: Gegen die Zeitströmung und mit Klarheit für das „Neue", was bei ihm dann mit einer Zukunftsvision in anthroposophischem Sinne verbunden ist. Genau das wäre demnach auch für das Jahr 1933 die sinnvolle Alternative gewesen.

Für ein genaueres Verständnis dieses Gedankens, ist ein Blick auf Rudolf Steiners Aufruf *An das deutsche Volk und an die Kulturwelt* aus dem Jahr 1919 und auf die großen Reden von Beuys aus den Jahren 1985 und 1986 hilfreich. 1986 wies Beuys mit großem Nachdruck darauf hin, dass Wilhelm Lehmbruck kurz vor seinem Tod den genannten Aufruf von Steiner mitunterschrieben hatte. Dabei handelte es sich um den Versuch Steiners, Unterstützung für sein Modell der „Dreigliederung" der Gesellschaft[175] zu bekommen, die auch für Beuys zentrales Anliegen werden sollte. Dabei geht es um ein Gesellschaftsideal, bei dem die Gesamtheit der Gesellschaft in drei voneinander unabhängige Bereiche – Geistesleben, Rechtsleben und Wirtschaftsleben – getrennt werden und auf der Grundlage einer basisdemokratischen Organisation funktionieren sollte. Für die Umsetzung dieser Idee wurden bisher allerdings keine Strategien entwickelt, die von einer realistischen Einschätzung der realen gesellschaftlichen Kräfte ausgehen. Auf der Grundlage seiner Theorie über die „Mission der einzelnen Volksseelen", auf die noch zurückzukommen ist, attestierte Steiner dem deutschen Volk bei der Realisierung dieser „Dreigliederung" eine besondere Begabung und eine entsprechende Rolle, nämlich „eine aus dem Wesensinhalt der deutschen Volkheit entspringende Aufgabe."[176] Es habe seit der Reichsgründung 1871 „ein großes Ziel" gefehlt, „wie es sich hätte ergeben sollen aus einer Erkenntnis der Entwicklungskräfte, denen die neuere Menschheit sich zuwenden muss."[177] Das Kaiserreich habe es versäumt, sich selbst diese Aufgabe bewusst und dann den anderen Ländern verständlich zu machen. Denn dann hätten alle erkannt, dass „die Verwalter dieses Reiches [...]

175 Vgl. z. B. Rudolf Steiner: *Die Kernpunkte der sozialen Frage in den Lebensnotwendigkeiten der Gegenwart und Zukunft.* Dornach: Steiner 1961.

176 Rudolf Steiner: An das deutsche Volk und an die Kulturwelt [1919]. In: Ebd., S. 157–162, hier S. 157.

177 Ebd., S. 158.

eine weltgeschichtliche Sendung [erfüllen], die nicht hinweggefegt werden darf."[178] Wie im Folgenden gezeigt werden soll, hat sich Beuys diese Idee einer besonderen Aufgabe des „deutschen Volkes" vollständig zu eigen gemacht. Sie erschien ausdrücklich in der Rede des Jahres 1985 und stand klar im Hintergrund seiner Hervorhebung der Bedeutung Steiners in der Lehmbruck-Rede!
Insgesamt positionierte sich Beuys selbst mittels dieser Konstruktion, die schon den Hintergrund seiner Äußerungen von 1968/69 vor seinen Studenten bildete, als zugehörig zu denen, die sich damals, d. h. während der Zeit des Nationalsozialismus, „gegen die Zeitströmung im Ganzen" gestellt hätten. Dies wiederum bot ihm wohl auch den Schutzraum, innerhalb dessen er die oben dargelegte Selbstrechtfertigung für seine freiwillige Meldung zur Luftwaffe oder die anhaltend positive Sicht auf seine Kriegsteilnahme im Allgemeinen verorten konnte. Im Vortrag „Reden über das eigene Land" liest sich diese Auserkorenheitsidee dann wie folgt:

> [...] da sieht man, wie etwas, was von den Deutschen, also von dem Lande erwartet wird, auch eigentlich erwartet werden kann, nämlich schon allein aus der Genialität dieser Sprache, die wir sprechen.[179]

Ein längerer Passus, schon am Anfang dieser Rede lautet:

> [...] daß wir im Gehen zu diesem Born, im Benutzen der deutschen Sprache, miteinander ins Sprechen kämen und wir erleben würden, daß aus dem Sprechen miteinander sich uns nicht nur die leibliche Gesundheit wieder einstellen würde, sondern daß wir auch ein elementares, tiefes Fühlen erreichen würden, für das, was auf dem Boden geschieht, auf dem wir leben, für das, was auf dem Acker, was auch im Walde, auf der Wiese, was im Gebirge gestorben ist. Wir würden durch unser eigenes Sich-Verlebendigtwerden durch Sprache den Boden mitnehmen, das heißt, wir würden einen Heilungsprozess an diesem Boden vollziehen können, auf dem wir alle geboren sind. Im Sprechen dieser Sprache und im offenen Zeigen dessen, was wir nicht können, und im Versuch, ein hohes Ziel anzustreben, das man

178 Ebd.
179 Joseph Beuys. In: Mayer / Beuys / Mitscherlich-Nielsen / Schönherr: *Reden über das eigene Land*, S. 46.

nennen könnte: die Frage nach der Aufgabe der Deutschen in der Welt, würden wir zumindest die erste Sicherheit für die Möglichkeit finden, an uns selbst zu erfahren, was denn eigentlich die Eigenschaften des deutschen Genius, der deutschen Fähigkeit, wären. Wir würden im Formen dieser Sprache erkennen, daß sich durch ihren bewußten Gebrauch die Begriffe ergäben, die Welt, das heißt, das Vorgegebene, so krank es auch sei, mit wesensgemäßen Begriffen so zu beschreiben, daß eine Heilung möglich wäre. Wenn ich hier über das eigene Land spreche, kann ich mich auf nichts Jüngeres und Ursprünglicheres berufen als auf unsere Sprache.
Mein Weg ging durch die Sprache, so sonderbar es ist, er ging nicht von der sogenannten bildnerischen Begabung aus. Wie viele wissen, habe ich ein naturwissenschaftliches Studium begonnen und bin darin zu einer Erkenntnis gekommen, die mir sagte: vielleicht liegt deine Möglichkeit auf dem Felde, das etwas ganz anderes fordert als die Fähigkeit, ein guter Spezialist in irgendeinem Zweige zu werden, deine Fähigkeit ist, umfassend einen Anstoß zu geben für die Aufgabe, die das Volk hätte. Der Begriff des Volkes ist auf eine elementare Weise verknüpft mit seiner Sprache. Wohlgemerkt, ein Volk ist keine Rasse. Daß dieses auch der einzige Weg sei, um alle noch im Rassistischen treibenden Umtriebe, schrecklichen Sünden, nicht zu beschreibenden schwarzen Male zu überwinden, ohne sie auch nur einen Augenblick aus dem Blickfeld zu verlieren [...].[180]

War die zentrale „deutsche" Eigenschaft und die daraus abgeleitete Aufgabe bei Steiner unlösbar mit einer vom ihm postulierten „Volksseele" verbunden, so betonte Beuys vor allem die Sprache als Kern dessen, was er als „deutsch" verstand, auch wenn er gleichzeitig von einem „Heilungsprozess an diesem Boden" sprach.
Ohne diesen „Boden" betonte er öfter die zentrale Bedeutung der Sprache:

Das Phänomen der Bundesrepublik Deutschland ist für die Welt zum Rätsel geworden. Man kann sagen: das, was hier entstanden ist unter den Menschen, die die deutsche Sprache sprechen, das ist für viele Menschen sowohl ein Magnet wie ein Diskussionsthema größten Stiles geworden.[181]

180 Joseph Beuys. In: Mayer / Beuys / Mitscherlich-Nielsen / Schönherr: *Reden über das eigene Land*, S. 37–38.
181 Joseph Beuys: *Aktive Neutralität. Die Überwindung von Kapitalismus und Kommunismus* [1985]. Wangen: FIU 1994, S. 8.

> Stellen wir uns einmal vor, alle Menschen deutscher Zunge würden sich in einen ganz seelischen, aktiven Zustand bringen, so wäre das Gewollte, d. h. die aktive Neutralität, erreicht. Aber sie hätten es nach den Gesetzen eben dieses reinen Seelischen nicht etwa für sich selbst erreicht, sondern für alle anderen Völker.[182]

Beide Zitate stammen aus der Wiedergabe einer Rede, die Beuys 1985 im anthroposophischen Schulungszentrum in Achberg (Landkreis Ravensburg) gehalten hat. Beides ist hier ganz klar: die verbindende Sprache und der Auftrag für die Welt. Es handelt sich dabei nicht nur um die Nachfolge Rudolf Steiners, sondern im Hintergrund steht auch hier Beuys' intensive Lektüre von Autoren der deutschen Romantik, die im Übrigen auch für Steiner von großer Bedeutung waren.

Z. B. findet sich auf dem Nachsatzpapier eines Buchs von Johann Gottfried Herder, nämlich *Genie, Kunst, Dichtung*, Ausgabe Potsdam ohne Jahr, aus dem Besitz von Joseph Beuys eine poetisch aufgebaute Notiz aus dem Jahr 1985, die folgende Zeilen enthält:

> Bildnerei u. Malerei
> aufweisen
> der Wahrheit, der Rege, der Kraft
> verneuen
> Ausdrucksfähigkeit des Deutschen
> einen in Sonderheit deutschen Aspekt
> angebaute geistige Bereiche [...].[183]

Die Überzeugung, das „deutsche Volk" habe eine besondere Aufgabe für die Welt findet man bei Hölderlin, z. B. in dessen Gedicht *Germanien*, wo es am Schluss heißt: „Germania, wo du Priesterin bist / Und wehrlos Rat gibst rings / Den Königen und den Völkern"[184], oder

182 Ebd., S. 6.

183 Joseph Beuys: Notiz, 1985. In: Beuys (Hrsg.): *Joseph Beuys. Das Geheimnis der Knospe zarter Hülle*, S. 21.

184 U. a. im während der Zeit des Nationalsozialismus erschienenen Sammelband Friedrich Hölderlin: *Vom Reich der deutschen Seele*. Stuttgart: Deutsche Volksbücher ca. 1938, S. 88. Herausgeber dieses Taschenbuchs war die „Deutsche Arbeitsfront, Deutsches Volksbildungswerk".

auch bei Schiller, der die für „die Völker“ entscheidende „Sitte und Vernunft“ vor allem bei den Deutschen angesiedelt sah: „Ihm ist das Höchste bestimmt, / Und so wie er in der Mitte von / Europens Völkern sich befindet, So ist er der Kern der Menschheit, / Jene sind die Blüte und das Blatt“[185], oder in seinem kräftigen Sechszeiler: „Jedem Volk der Erde glänzt, / einst sein Tag in der Geschichte, / Wo es strahlt im höchsten Lichte / Und mit hohem Ruhm sich kränzt, / Doch des Deutschen Tag wird scheinen / Wenn der Zeiten Kreis sich füllt.“[186]
Der Gedanke war in der Romantik überaus weit verbreitet. So liest man z. B. bei August Wilhelm Schlegel: „Es ist [...] keine zu sanguinische Hoffnung, anzunehmen, daß der Zeitpunkt nicht so gar entfernt ist, wo das Deutsche allgemeines Organ der Mittheilung für die gebildeten Nationen seyn wird.“[187]

Diese Denkfigur sollte in den bekannten Worten Emanuel Geibels einen weit über die Domäne der Literatur hinausgehenden, populären Höhepunkt erreichen: „Und es mag am deutschen Wesen / einmal noch die Welt genesen.“[188] Joseph Beuys litt offensichtlich als Folge selbständiger Lektüre oder auch durch Hinweise in den Schriften von Rudolf Steiner am folgenreichen ‚Emanuel-Geibel-Syndrom‘.[189]
Allerdings konnte sich Beuys auch radikal von dieser zentralen Rolle Deutschlands oder des „deutschen Volkes“ und damit von der Ideologie Rudolf Steiners abwenden, z. B. 1979, als er nach seinem beruflichen Ideal gefragt wurde. Er nannte die Funktion des Bürgermeisters von New York, einer Stadt, aus der er dann einen Modellstaat machen würde. New York sei eine Stadt der Extreme. Aber:

185 Aira Kemiläinen: *Auffassungen über die Sendung des deutschen Volkes um die Wende des 18. und 19. Jahrhunderts*. Helsinki: Academy 1956, S. 137.

186 Ebd., S. 139.

187 Detlef Kremer / Christoph Kleinschmidt: Die mittlere Phase der Romantik. In: Wolfgang Bunzel (Hrsg.): *Romantik. Epoche – Autoren – Werke*. Darmstadt: WBG 2010, S. 26–41, hier S. 26.

188 Emanuel Geibel: Schlussverse des ursprünglich 1861 erschienenen Gedichts *Deutschlands Beruf*. In: Ders.: *Heroldsrufe. Aeltere und neuere Zeitgedichte*. Stuttgart: Cotta 1871, S. 116–118.

189 Fraglich ist, ob die Neuromantik über Steiner hinaus Vorlagen für Beuys geliefert hat. Auffallend ist aber die Verwandtschaft mit Ideen von Julius Langbehn, inklusive der Bedeutung der „Flamme“. Vgl. dazu ausführlich Peter Ulrich Hein: Rembrandtdeutsche Motive am Niederrhein. Hippolyte Taine, August Julius Langbehn, Joseph Beuys. In: Dieter Geuenich (Hrsg.): *Der Kulturraum Niederrhein. Im 19. und 20. Jahrhundert*, Bd. 2. Bottrop / Essen: Pomp 1997, S. 123–136.

> Gerade dort […] steckt vitales Leben durch die vielen Bevölkerungsgruppen: Italiener, Puertoricaner, selbstverständlich Schwarze und Indianer. Da ist eine Energiemaschine, die nicht funktioniert, die aber sehr gut funktionieren kann und für die ganze Welt ein Beispiel geben könnte.[190]

Zumindest hier wird deutlich, dass Beuys' Konzentration auf Deutschland als das Land der Berufung für die Welt vor allem mit seinen deutschsprachigen Wirkungsmöglichkeiten zusammenhing. Ja, die Ideen von Steiner über die besonderen Aufgaben einzelner „Volksseelen" saßen sehr tief bei Beuys. Synkretistisch verband er sie mit den Ideen der Romantik, die zum Emanuel-Geibel-Syndrom führten, und natürlich bildeten sie den Hintergrund für die Äußerung über die „Genialität dieser Sprache, die wir sprechen" in seiner Rede von 1985.[191] Die Spekulation über eine mögliche Rolle als Bürgermeister von New York, auch wenn sie zwar ernst, aber nicht praktisch realisierbar gemeint gewesen sein sollte, zeigt, dass bei Beuys nicht das „völkische Denken", die Nazi-Ideologie mit ihrer Betonung des Primats und der Überlegenheit der „germanischen Rasse" im Vordergrund stand, sondern die Idee, dass die Änderung der Weltgemeinschaft von irgendeinem Kraftzentrum ausgehen könnte oder sollte. Dies geht auch aus einem Text hervor, den Beuys 1981 für eine Veröffentlichung in der neapolitanischen Tageszeitung *Il Mattino* verfasste. Dort plädierte er für eine gemeinsame Unabhängigkeit der süditalienischen Provinzen Kampanien, Kalabrien, Puglia, Basilikata und Sizilien und argumentierte, dass eine solche „Freie Union Mezzogiorno" in der Lage wäre, „den Kapitalismus des Westens und des Ostens" abzuschaffen.[192] Es ist offensichtlich, dass Beuys immer wieder gerade dort, wo er war und wirkte, wo er eine Anhängerschaft um sich versammelt sah, seine Erlöserrolle neu verortete und meinte, von dort aus die Umwälzung der Verhältnisse in der Welt in Gang setzen zu können.

190 Von Waberer: Das Nomadische, S. 197.

191 Im Übrigen spielt auch der von Beuys hier bemühte „Genie"-Begriff in der Steiner'schen Anthroposophie eine große Rolle: „Genie besteht in der Fähigkeit, aus dem Geistigen schöpferische Impulse zu empfangen […]." (Genie. In: *Anthrowiki*, o. D. https://anthrowiki.at/Genie (Zugriff am 18.11.2020).)

192 Vgl. Joseph Beuys: Einige Aufforderungen und Fragen an den Palast im menschlichen Kopf. In: Beuys (Hrsg.): *Joseph Beuys. Das Geheimnis der Knospe zarter Hülle*, S. 499–511.

Aus einer ganzen Reihe von kürzeren Bemerkungen geht aber hervor, dass bei Beuys, trotz der ausdrücklichen Ablehnung des Begriffs Rasse, auch andere Aspekte als die einer reinen Sprachgemeinschaft mitgedacht sind:

> [...] dann wissen wir selbstverständlich, dass dieser Mensch in den verschiedensten Sprachen spricht und dass es zwischen den Völkern auch verschiedene Fähigkeiten gibt. Jedes Volk hat seinen eigenen Geist.[193]

> Dabei geht es doch um die Zusammengehörigkeit des Individuellen: zunächst mal des einzelnen Individuums, dann aber auch um die Individualität eines Volkes.[194]

> Das ist eine ganz andere Volksseele, sagen wir mal so. Eine ganz andere Gruppenseele.[195]

Beuys äußerte sich auch sehr kritisch zu rassistischen Verhaltensweisen, was er mit dem Begriff „Rassenproblem" missverständlich benannte, obwohl er hier uneingeschränkt eine von ihm auch in Deutschland beobachtete Diskriminierung von „schwarzen Studenten" oder „Franzosen" kritisierte:

> Auch wir haben unser eigenes Rassenproblem. [...] Das ist durchaus nicht überwunden bei uns. [...] Ich führe es darauf zurück, daß das in den Menschen noch nicht sehr weit entwickelt ist, diese Überwindung von altem Blut. Daß das Blutsmäßige durchaus noch nicht überwunden ist. Es ist eine innerliche Unfreiheit.[196]

Problematisch ist jedoch, dass er hier – es handelte sich um ein Gespräch mit Besuchern der *documenta 5* (1972) – das Existieren von

193 Jacqueline Burckhardt (Hrsg.): *Ein Gespräch – Una Discussione. Joseph Beuys, Jannis Kounellis, Anselm Kiefer, Enzo Cucchi*. Zürich: Parkett 1988, S. 101. Die Gespräche fanden 1985 im Laufe von mehreren Begegnungen statt.

194 Ebd.

195 Clara Bodenmann-Ritter (Hrsg.): *Joseph Beuys. Jeder Mensch ein Künstler. Gespräche auf der documenta 5/1972* [1975]. Frankfurt am Main: Ullstein 1994, S. 57. Hier wurde Beuys nach dem Unterschied zwischen Deutschen und Holländern gefragt.

196 Ebd., S. 59.

etwas „Blutsmäßigem" gewissermaßen als Realität benannte, wenn auch als eine zu überwindende, womit er sich wiederum von der Idee einer durch die Geburt für immer festgelegten biologischen Zugehörigkeit distanzierte.

In der Benutzung von Steiners so zentralem Begriff „Volksseele" zeigte sich in diesem öffentlichen Gespräch 1972 in Kassel allerdings klar Beuys' Abhängigkeit von diesem esoterischen Vordenker. Obwohl die Distanzierung von der Nutzung des Begriffs Rasse öfter in Aussagen von Beuys zu finden ist, geht er doch manchmal auch gleichzeitig, obwohl an nur ganz wenigen Stellen, von einer biologischen Komponente der Volkszugehörigkeit aus:

> Er [= „der mythische Strom innerhalb des Bewusstseinsbildes von heute"] sollte leben als ein Teil des selbstbewussten, freien Menschen. [...] der mythische Mensch [...] ist gebunden in den Verhältnissen, die eben die mythische Ebene ihm anbietet. Da sind Bindungen an Blutsverhältnisse, Clanverhältnisse, bestimmte Gruppen und Kollektive. Das Blut selbst spielt eine Rolle. In das moderne selbstbewusste Denken des freien Individuums müsste das Mythische gewandelt integriert werden in das, was heute gesagt, getan, geschaffen wird.[197]

Es fällt sehr auf, dass sich Beuys wohl nie kritisch mit den Ideen von Rudolf Steiner über „Volksseelen" und über die „Germanen" auseinandergesetzt hat. Namentlich in seiner Vortragsreihe des Jahres 1910, gebündelt unter dem Titel *Die Mission einzelner Volksseelen im Zusammenhang mit der germanisch-nordischen Mythologie*,[198] weist Steiner den Germanen eine besondere Rolle in einer breiten Entwicklungsperspektive zu, bei der ein „Christus-Impuls" und ein „wahrhaftes esoterisches Christentum" eine zentrale Stelle einnehmen:

> Die germanische Mythologie ist in der Art, wie sie ausgebildet worden ist aus der Anlage des Erzengels heraus, in ihren Bildern am bedeutsamsten ähnlich dem, was nach und nach als das geisteswissenschaftliche Weltbild für die Menschheit erwachsen soll. Es wird sich darum handeln, wie jene

197 Van der Grinten: Gespräch mit Joseph Beuys, o. P.

198 Rudolf Steiner: *Die Mission einzelner Volksseelen im Zusammenhang mit der germanisch-nordischen Mythologie*. Dornach: Steiner 1983.

Anlagen werden können, die einstmals ein Erzengel mitgebracht hat in die Welt, wie sie werden können, nachdem dieser Erzengel die Erziehung des Christus-Zeitgeistes genossen hat.[199]

Bei Beuys liest sich das dann folgendermaßen:

> Den Sinn des Christentums kann man nicht verstehen wenn man nicht die germanische Mythologie versteht. Warum es sich hauptsächlich gerade dahin ausgebreitet wo diese lebte. Liegt es nicht auf der Hand daß sie das richtig vorbereitete **Gefäß** war das Christentum aufzunehmen um mit Gefäß und Inhalt des Gefäßes die Entwicklung des menschlichen Gedankens **im Westen**, das Bewusstsein Umgestaltende aufs Äußerste voranzutreiben? [...] Hier soll aber nur eines festgehalten werden: die entschiedende [*sic*] erste Stufe (**Fraktionierung**) christlicher Substanz (natürlich die von **Christus** gegebene) hat dort stattgefunden wo Germanen und Kelten gesessen haben. Dort hat es den besten Boden gefunden für das was Christus auch wollen mußte die völlige Umwandlung (Wandlung) der menschlichen Natur.[200]

Insgesamt ist hier festzuhalten, dass Beuys erstens einem von ihm als existent angenommenen deutschen Volk eine zentrale Aufgabe bei einem Weg in eine höhere Zukunft für die ganze Menschheit zudachte, dass er dieses Volk nicht nur als Sprachgemeinschaft, sondern auch als irgendwie seelisch und auch qua Abstammung als zusammenhängend ansah, und dass diese Vorstellung aufs engste mit der Esoterik Rudolf Steiners verknüpft war. Es darf nicht übersehen werden, dass auch die Hitlerjugend keinen Bogen um esoterische Vorstellungen herum machte, wie z. B. aus folgendem Zitat aus der Zeitschrift *Die Kameradschaft* hervorgeht:

199 Steiner: *Die Mission einzelner Volksseelen*, S. 136.

200 Joseph Beuys: *Zeichnungen 1947–59. Gespräch zwischen Joseph Beuys und Hagen Lieberknecht*. Köln: Schirmer 1972, S. 16 (Herv. i. Orig.). Erstaunlicherweise wird diese von Beuys postulierte Verbindung von Christentum und Germanentum von Jean-Pierre Wils in seiner ansonsten sehr kritischen Betrachtung zu Beuys' Christentum im *Joseph Beuys Handbuch* von 2021 nicht erwähnt. Vgl. Jean Pierre Wils: Christentum / Kunstreligion. In: Skrandies / Paust (Hrsg.): *Joseph Beuys Handbuch*, S. 292–298.

> Auf allen Lebensgebieten spüren wir heute diese neue und doch uralte, aus unserem Blut bedingte Einstellung zur Volksgemeinschaft. Sie lässt uns Gesetze schaffen, die nicht anders als deutsch sind und sein können, da wir uns auf die ewigen Gesetze unseres Blutes, unserer Rasse besonnen haben. [...] Nur auf diesem Boden können wir uns entfalten zu höchsten Leistungen und zur höchsten Vollendung, nur von hier aus können wir den Griff wagen über uns hinaus ins Ewige hinauf.[201]

Es wäre aber verfehlt, Beuys im Allgemeinen ein „völkisches" Denken zu unterstellen. Dazu fehlt die rassistische Blut-und-Boden-Komponente, bei dem einer einzigen, nämlich der „deutschen Rasse" ein höherer Wert beigemessen wird als anderen. Beim Begriff „Volk" standen Joseph Beuys gewiss nicht die Ideen Hitlers, Himmlers und weiterer Nazi-Ideologen vor Augen, aber deren Ideen vom Primat der Deutschen oder Germanen als Herrscher der Menschheit haben bei ihm auf keinen Fall eine kritische Reflektion bezüglich des Volksbegriffs insgesamt ausgelöst; dafür hatte er sich allzu sehr den Volksgedanken Rudolf Steiners zu eigen gemacht oder auch bei diesem unbewusst einen Ersatz für die Ideen der Hitlerjugend gefunden.[202]

201 Gloy: *Im Dienst der Gemeinschaft*, S. 223.

202 Vgl. die zahlreichen Hinweise auf die Rolle der Schriften Steiners für Beuys' Weltbild bei Hans Peter Riegel, auch wenn dieser oft allzu oberflächliche und pauschale Einschätzungen formuliert: Riegel: *Beuys*, u. a. S. 447, wo der Autor die Beuys'sche Idee einer besonderen Rolle der Deutschen in der Welt sehr verkürzt auf seine „Kriegserfahrungen in der Jugend" zurückführt. Ein Plädoyer für Kriegsführung, in welcher Form auch immer, findet man aber weder bei Steiner noch bei Beuys, ebenso wenig wie die im Nationalsozialismus gängigen Ideen über Wertunterschiede zwischen Rassen oder Völkern, die zur Herrschaft der einen über die anderen berechtigen würden. Ärgerlich ist, wie Eugen Blume im gerade erschienenen „Handbuch" Riegel und mich in einen Topf wirft: „Der besonders von Ron Manheim und Riegel unternommene Versuch, Beuys' [*sic*] Unredlichkeit und sogar ein biographisch begründetes Kontinuum ‚völkischen Denkens' vorzuwerfen [...], läuft insofern ins Leere[,] als Beuys ab 1964 seinen Lebenslauf als plastisches Material, als Autofiktion, als eine sich selbst erfindende und formende Erinnerung betrachtete." (Blume: Biographischer Fokus bis 1946, S. 339–340.) Dass Beuys „unredlich" argumentierte, ist tatsächlich Teil meiner Sicht auf den Künstler, aber ein „Kontinuum ‚völkischen Denkens'" kam (in meinem von Blume angeführten Aufsatz aus dem Jahr 2009) und kommt auch in meiner Argumentation hier nicht vor. Entlarvend ist die Argumentationsweise von Blume, der sich hier ausgerechnet auf die der Wirklichkeit nicht verpflichtete Haltung von Beuys beruft.

IV
Versuch der Klärung

Es ist schon unüberschaubar viel über das Denken und Reden von Joseph Beuys veröffentlicht worden. Trotzdem wurden bis heute nicht die Fragen gestellt, woher die zahlreichen irrwitzigen Aussagen zur eigenen Geschichte und zur Geschichte Deutschlands in der Zeit des Nationalsozialismus stammen, aus welchen Quellen Beuys dabei schöpfte, was er mit diesen Äußerungen bezweckte und wie sich diese zu den kunst- und gesellschaftstheoretischen Äußerungen des Künstlers verhalten könnten. Dabei fällt besonders auf, dass sich in Beuys' Denken, zumindest ab Mitte der 1950er Jahre, kaum noch Entwicklungen beobachten lassen. Es hatte sich bis dahin wohl ein Fundament gebildet, an dem nichts mehr zu rütteln vermochte.

Unverkennbar hat Beuys sich als Beauftragter verstanden, die Welt auf neue Wege zu lenken, sich als Künstler mit einem grenzenlos breit „erweiterten" Handlungsspielraum einzusetzen, um eine „radikale Neuordnung" der Gesellschaft und der Welt zu verwirklichen, oder zumindest unumkehrbare Impulse dazu in die Welt zu setzen. Die Wissensgrundlage, auf der seine diesbezüglichen Vorstellungen beruhten, war indes alles andere als breit. Er schöpfte für nahezu alles, was er an Diagnosen und Perspektiven von sich gab, aus den Theorien von Rudolf Steiner[1] und aus älteren Quellen, die auch dessen Vorstellungen zu einem wesentlichen Teil zugrunde lagen. Kritische

1 Siehe hier S. 23, 28, 31–33, 41, 106–112, 114–115.

zeithistorische Quellen hat er offensichtlich nie ernsthaft zur Kenntnis genommen.[2]

Rudolf Steiner betrachtete er als Wissenschaftler und großen Denker; überall dort, wo Beuys Wissenschaftlichkeit für sich beanspruchte, handelte es sich um sogenannte „Geisteswissenschaft" im Sinne von Steiner. Dies, die Nichtanerkennung der Leistungen von Wissenschaft im herkömmlichen Sinn, ist im Übrigen auch die Grundlage für eine generelle Verurteilung aller „Hochschulprofessoren", die an zwei Weltkriegen und an der gegenwärtigen Lage der Gesellschaft schuld gewesen seien.[3]

Die Geschichtsauffassung von Beuys entbehrte jeglichen Bezugs auf historische Fakten und Quellen. Sie war gespeist von Steiners Sicht auf die „Geschichte", deren Grundlage dieser z. B. im Kapitel der „Welten-Metamorphosen" wie folgt darlegte:

> Wir wollen die Entwickelung unseres Sonnensystems einmal kurz zeichnen. Wir wissen, es ist ausgegangen von dem alten Saturn, dann hat sich dieser alte Saturn umgewandelt zur alten Sonne, diese wandelt sich um zum alten Mond. In der Zeit, in welcher die alte Sonne Mond wird, tritt eine besondere Entwickelung ein. Dieser Mond geht aus der Sonne zum erstenmal heraus, und wir haben in dem alten Mond zuerst einen Weltenkörper, der außerhalb der Sonne ist. Dadurch kann die Sonne sich höher entwickeln, dass sie das Gröbste aus sich herausgesetzt hat. Nun entwickelt sich das ganze System zum System unserer heutigen Erde. Unsere Erde kommt dadurch zustande, dass sich wiederum außer allem übrigen Mond und Erde als die gröberen Substanzen und die Träger der gröberen Wesenheiten von der Sonne heraussondern. Aber die Entwickelung geht weiter. Die Wesenheiten, die jetzt auf der Erde abgesondert wohnen müssen, die aus der Sonne sozusagen herausgeworfen sind, diese Wesenheiten entwickeln sich in ihrer Sonnenabgesondertheit immer höher und höher.

2 Dass Beuys sich auch mit anderen esoterischen Lehren befasst hat, liegt auf der Hand. Man findet in der Beuys-Literatur denn auch Hinweise auf die Rosenkreuzer-Bewegung (vgl. Stachelhaus: *Joseph Beuys*, S. 51–52; Karl-Heinz Tritschler: Joseph Beuys und die Rosenkreuzer. In: *Das Goetheanum. Wochenschrift für Anthroposophie*, 15.08.2008, S. 3–5) oder auch auf die Welteislehre von Hanns Hörbiger (1860–1931), vgl. dazu Kim Levin: Joseph Beuys. The New Order. In: *Arts Magazine* 54 (1980), S. 154–157. Es hat aber den Anschein, als hätten solche Einflüsse nicht im Entferntesten an die von Rudolf Steiner herangereicht.

3 Siehe hier S. 34, 94–95.

> Sie müssen noch einen Zustand durchmachen, den Jupiterzustand. Aber dadurch reifen sie allmählich heran, sich wiederum mit der Sonne zu vereinigen. Und wenn der Zustand der Venusentwickelung gekommen sein wird, dann werden alle die Wesen, die heute auf unserer Erde wogen und leben, sozusagen wiederum aufgenommen worden sein in die Sonne, und die Sonne wird selbst eine höhere Stufe der Entwickelung erreicht haben, eben dadurch, dass sie alle ihre Wesenheiten, die sie aus sich herausgesetzt hat, wieder zurückerlöst hat.[4]

In den Gesprächen, die Beuys 1972 auf der *documenta* 5 führte, kam folgende Aussage vor:

> Ja, das ist ja der Begriff des Menschenbilds, was erforscht werden muß durch Geisteswissenschaft beispielsweise, indem man zu einer anderen Vorstellung vom Menschen kommt als wie sie vorliegt in einer materialistischen Weltanschauung. Daß erst der Mensch, der sich erkennt als ein geistiges Wesen in einem höheren Zusammenhang, geeignet ist, die sozialen Aufgaben zu lösen. Daß er erst erkennen muß, daß er nur eine Bodenstation ist [...] für etwas viel Größeres.[5]

Und weiter hieß es dann:

> Geschichtsbewußtsein schaffen. Das halte ich vor allen Dingen für sehr wichtig für den Künstler. Daß er sozusagen das Bildende in der Geschichte erfährt. Daß er nicht die Geschichte wie ein abstraktes Aneinanderreihen von Evénements versteht, sondern daß er die Geschichte kennenlernt wie eine organische Ausformung von Welt – genau wie Embryologie, nicht? Also organisch begreifen lernt. Und dann bekommt er zugleich die ersten plastischen Vorstellungen. Mein Begriff von Plastik ist sehr universell.[6]

4 Rudolf Steiner: *Gesamt-Ausgabe*, Bd. 110: Geistige Hierarchien und ihre Widerspiegelung in der physischen Welt. Dornach: Steiner 1991, S. 78–79, zit. n. Weltentwicklungsstufen. In: *Anthrowiki*, o. D. https://anthrowiki.at/Weltentwicklungsstufen (Zugriff am 23.09.2020). Affirmative Literatur zu Rudolf Steiner und seiner Anthroposophie braucht man nicht lange zu suchen. Vgl. für eine gute kritische Abhandlung André Sebastiani: *Anthroposophie. Eine kurze Kritik*. Aschaffenburg: Alibri 2019.

5 Bodenmann-Ritter (Hrsg.): *Joseph Beuys. Jeder Mensch ein Künstler*, S. 61–62.

6 Ebd., S. 86.

Deutlicher als in diesen beiden Aussagen lässt sich Beuys' esoterische, wirklichkeitsfremde Auffassung von Geschichte kaum belegen. Dass es sich um Esoterik handelte, war Beuys vollkommen bewusst:

> Aber die Esoterik ist doch das Entscheidende. Daß wir heute in diesem Elend sitzen, ist doch deswegen, weil wir uns diese Esoterik selbst abgeschnitten haben.[7]

Beuys hob auch mehrmals nachdrücklich die besondere Bedeutung der Lehren Rudolf Steiners hervor, sowohl für ihn selbst als auch für die Gesellschaft im Allgemeinen. So meinte er z. B. zu seinen eigenen Inspirationsquellen:

> Und weiter: der deutsche Idealismus, mit Goethe, Schiller, Emanuel [*sic*] Kant und andere [*sic*], die deutsche Romantik, auch das hat alles einen Einfluß auf meine Entwicklung gehabt. Was sich aus dem deutschen Idealismus heraus bis heute hin entwickelt hat, wird jetzt wieder erforscht. Am besten vielleicht noch im Denken Rudolf Steiners.[8]

Und über die „Seelenforschung" äußerte er:

> Ja, man weiß wenig über die Seele, das gebe ich zu. Es gibt allerdings Menschen und Strömungen in der Zeit, die über die Seele doch Umfassenderes wissen, die also eine Seelenforschung betrieben haben. [...] Goethe z. B. wußte viel von der Seele [...] und Novalis auch. Wir sehen auch Novalis als großen Psychologen und Seelenforscher. Und wir sehen den größten in unserer eigenen Zeit, das ist Rudolf Steiner [...].[9]

Besonders vielsagend ist hier die Verwendung des „wir", was unmissverständlich auf eine Selbstidentifizierung mit der Geisteswelt der Anthroposophie hindeutet.
Beuys nahm auch für sich in Anspruch, die Leistungen von Steiner und Karl Marx miteinander vergleichen zu können, wobei offensichtlich ist, dass er von Marx nicht viel verstanden hatte:

7 Joseph Beuys / Michael Ende: *Kunst und Politik. Ein Gespräch*. Wangen: Freie Volkshochschule Argental 1989, S. 67. Das Gespräch fand am 08.02.1985 statt.

8 Bless: Joseph Beuys. Ein Gespräch, S. 39–40.

9 Beuys: *Aktive Neutralität*, S. 26.

> Er [d.i. Marx; R.M.] gibt keine Methode an, wie man zu einer Gesellschaft kommen kann ohne Profit, ohne Eigentum an Produktionsmitteln, und wie das Lohnverhältnis herausgelöst wird aus diesem unwürdigen Abhängigkeitsverhältnis, dass der Mensch seine kreative Wertigkeit oder seine Künstlerschaft [...] oder seine Menschenwürde auf dem Markt verkaufen muss. Darüber hat er keine Anweisungen gegeben. Wer darüber eine Anweisung gegeben hat, war Rudolf Steiner. Und man kann sagen, er war der einzige, der darüber eine Anweisung gegeben hat.[10]

Bisher wurde übersehen, dass Steiner sich oft „kritisch" mit Marx auseinandergesetzt hat, so dass man auch hier annehmen darf, dass das diesbezügliche Wissen von Steiner stammte.[11]

Die Welt Rudolf Steiners war eine vollkommene, in sich geschlossene; sie war ein unerschütterliches Bauwerk. Wer die Schriften Steiners liest, wird mit einer Denkwelt ohne Fragen konfrontiert. Steiner wusste alles und wusste denn auch die unumstößlich richtige Antwort auf jede Frage. Auch in dieser Hinsicht hinterließ Steiner im Denken und Handeln von Joseph Beuys tiefe Spuren: Wer sich die diesbezüglichen Diskussions- oder Gesprächsdokumente anschaut oder liest, stellt nie den geringsten Zweifel fest. Beuys hatte Antworten auf alle Fragen. Einen wirklichen Gedankenaustausch mit dem Versuch, einander im Gespräch näher zu kommen, findet man bei Beuys nahezu nie.

Hinzu kommt eine damit wohl auch zusammenhängende Naivität bei politischen Themen. Am krassesten äußerte sich diese Naivität in einer Diskussion mit dem Publikum, die am 19. Januar 1972 anschließend an ein öffentliches Gespräch von Wulf Herzogenrath mit Beuys stattfand. Auf die skeptische Frage aus dem Publikum nach der Praktikabilität der Volksabstimmung als einzigem Entscheidungsinstrument, bei der sogar eine faschistische Strömung die Mehrheit erobern könnte, antwortete Beuys:

10 Beuys / Ende: *Kunst und Politik*, S. 25–26.

11 Volltextrecherche in der Gesamtausgabe der Schriften Rudolf Steiners, Stichwort „Marx" (480 Fundstellen!), in *Freie Verwaltung des Nachlasses Rudolf Steiners*. http://fvn-rs.net/cgi-bin/omega.cgi?P=Marx&DEFAULTOP=and&DB=fvn&HITSPERPAGE=10&FMT=fvnex2&xDB=fvn&xFILTERS=P%2FGA---A&B=P%2FGA (Zugriff am 09.08.2021).

> Nehmen wir mal an, es gäbe so viele Faschisten, daß sie die Mehrheit bilden. Dann würde für eine Legislaturperiode die faschistische Bewegung das Recht bestimmen. Da haben Sie recht. Aber doch nur für eine Periode, vielleicht für ein halbes Jahr [...]. Ja, also wollen Sie die Freiheit der Menschen ernst nehmen oder nicht?[12]

Offensichtlich verfügte Beuys nicht über ein reales Bild des Faschismus, kamen keine Erinnerungen an die nationalsozialistischen Macht- und Gewaltstrukturen bei ihm hoch, sondern er argumentierte, als wäre der Faschismus eine politische Strömung wie jede andere im gängigen Meinungsspektrum.

Die Naivität zeigt sich nicht zuletzt dadurch, dass Beuys bei all seinen Ideen, Plänen und Anschauungen ein reales Wirklichkeitsverständnis fehlte. Die Welt sah so aus, wie sie nach Steiner aussah; mit aktuellen Entwicklungen hat er sich nie wirklich beschäftigt, sondern immer die Weltsicht Steiners darauf projiziert. Für die Realisierung seiner Zukunftspläne, die er oft als unmittelbar bevorstehend präsentierte, konnte es denn auch nie die allergeringsten praxisorientierten Umsetzungsstrategien geben.

Es sind aber nicht nur diese Naivität und dieser Mangel an historischem Bewusstsein, die den heutigen Leser verstören, sondern auch die grenzenlose Selbstüberschätzung des Künstlers, die zu der Frage führen muss, inwiefern Beuys die Realität außerhalb seines direkten Umfelds überhaupt wahrgenommen hat. Man findet dafür zahlreiche Beispiele in den veröffentlichten Gesprächstexten. So sagte er 1980:

> Es wissen ja heute schon viele, daß ich ihnen auch die nötige Freizeit besorgen werde, denn mein Kunstbegriff richtet sich doch ganz gezielt auch auf die Veränderung des Arbeitsbegriffes. Also, dieser Fabrikarbeiter könnte doch sagen: So, jetzt solidarisiere ich mich nur noch mit Kunst, weil mir der Beuys erklärt hat, daß nur mit dieser Sache die ganze Scheiße, in der ich hier stehe, in Bewegung gebracht werden könnte. Meinen Sie vielleicht, es wäre die Aufgabe eines erweiterten Kunstbegriffes, diese Scheißbetten da ins Museum zu stellen? Die sind doch höchstens ein Zwischenträger, damit sich die Diskussion immer wieder erhitzt an dieser Frage, damit offenbar wird, dass es kein anderes Mittel gibt als die Kunst, um die Verhältnisse,

12 Herzogenrath: [Gespräch mit] Joseph Beuys, S. 45.

> in denen wir stehen, zu verändern, also den Mann von seiner Fließbandabhängigkeit zu befreien und ihm einen Arbeitsplatz zu geben, der aus der Einseitigkeit rausführt.[13]

Und im gleichen Duktus:

> Der Kapitalismus ist irreversibel im Abbau. Diese Apokalypse ist längst im Gange, und dann werden wir eine ganz neue Weltordnung haben. Wenn es da Leute gibt, die auf den Weltuntergang warten, dann warten die ganz vergeblich, weil **ich** den verhindern werde. So ist das, und das ist keineswegs überheblich, sondern nur logisch.[14]

Ähnlich formulierte er im Jahr vor seinem Tode:

> Ich brauchte doch nur einmal in der Woche eine Stunde im Fernsehen kontinuierlich durch diese Sache durchgehen, dann wäre der Staat doch weg vom Fenster. Nach einem Jahr![15]

Die fehlende Wirklichkeitsbindung konnte auch dazu führen, dass Beuys unfassbare Übertreibungen einsetzte, um seinen Behauptungen oder seiner Strategie mehr Kraft zu verleihen. So brachte ihn seine Idee, absolut „freie" Schulen gründen zu sollen, zu der Behauptung, das gesamte Schulwesen in der Bundesrepublik seiner Zeit sei „bolschewisiert". Vor demselben Hintergrund betrachtete er sogar das gegenwärtige „Geistesleben" ebenfalls als „bolschewisiert":

> Denn Schulen, Hochschulen und so weiter sind verstaatlichte Betriebe. Das Geistesleben ist also auch im Westen bolschewisiert, zu 70 Prozent.[16]

Dass er damit eine in der Zeit des Nationalsozialismus beliebte Bezeichnung für alles kulturell Unliebsame verwendete, war ihm sicherlich nicht bewusst, zeigt aber, wie sehr er von den daher

13 Müller: Penthouse-Interview, S. 100.

14 Ebd., S. 101 (Herv. i. Orig.).

15 *Joseph Beuys im Gespräch mit Knut Fischer und Walter Smerling.* Köln: Kiepenheuer & Witsch 1989, S. 37. Das Gespräch fand 1985 statt.

16 Meyer / Olsen: „Kunst gleich Kapital". Interview mit Joseph Beuys, S. 91.

stammenden antikommunistischen wie auch anti-westlichen Ressentiments geprägt war. Unter diesem Aspekt der Übertreibungen um der Verstärkung der eigenen Wunschvorstellungen Willen kann auch durchaus der Vergleich von „Auschwitz" mit der aktuellen Situation der westlichen Kultur im Allgemeinen gesehen werden.[17] Wissenslücken störten Beuys dabei nicht. So konnte er z. B. nach einem bei seinen Lehrern beliebten Muster den Versailler Vertrag als Hauptursache für den Zweiten Weltkrieg betrachten oder beim Thema Suizid die Verzweiflung unzählbarer Jüdinnen und Juden außer Acht lassen.

Es wurde oft über Beuys' Gefühl für Humor und sein spontanes, ansteckendes Lachen geschrieben, aber die Frage, wieso er so gerne grobe und gröbste Formulierungen verwendete, wurde bisher kaum gestellt. „Donnerbalken" für offene Latrinen war gewiss humoristisch gemeint, stammte aber unmittelbar und unreflektiert aus der damals von den Soldaten verwendeten Alltagssprache und scheint durchaus einen Aspekt der „sentimentalen Rückschau"[18] einzuschließen. Der Begriff „Scheißpolitiker" gehörte zu Beuys' normalem öffentlichem Sprachgebrauch.[19] Dass potentielle Opfer des rassistischen Antisemitismus „den Braten" rechtzeitig „gerochen" hätten, ist eine grobe Simplifizierung. Ein verstörendes Beispiel ist seine Erzählung über die von ihm erlebte, angeblich reale Kriegssituation:

> Ich habe sehr lange und oft stillsitzen müssen zwischen den Einsätzen während der Kämpfe. Es war ja nicht so, als hätte man da nun andauernd ballern können. Da gab es ja große Pausen. Da wartete man entweder in einem Erdloch oder einem Zelt oder einer Pferdebaracke. Eigentlich wartete man ja immer. Das Soldatentum ist ja im Grunde ein einziges Warten, bis es dann losgeht.[20]

17 Siehe hier Kap. III.7.

18 Siehe hier S. 77.

19 Vgl. z. B. auch: „Die Leute werden in jedem Fall aggressiv, sie werden nur nicht aggressiv, wenn Adenauer spricht, wenn der Papst spricht und wenn die Arschlöcher von Politikern sprechen." (Joseph Beuys in: *Joseph Beuys im Gespräch mit Knut Fischer und Walter Smerling*, S. 19.)

20 Müller: Penthouse-Interview, S. 98.

Nicht nur das Wort „ballern", sondern vor allem die Verbindung „als hätte man nun andauernd ballern können" unterstellt Freude am Schießen!

Der genannte Begriff „Scheißpolitiker" gehört gleichzeitig zu einem anderen Aspekt der Beuys'schen Argumentationsweise, nämlich der pauschalen Verurteilung ganzer Gruppen. Er urteilte nicht nur gerne „die Scheißpolitiker" ab, sondern auch „die Hochschulprofessoren" oder „die sogenannten Kulturträger".

Inhaltlich fand der Begriff „Scheißpolitiker" seine Begründung in Beuys' Ablehnung der parlamentarischen Demokratie insgesamt. Sie passte nicht zum anthroposophischen Konzept der Dreigliederung der Gesellschaft und der Mehrheitsentscheidungen in allen einzelnen Organisationen. Beuys' „Demokratie durch Volksabstimmung" war nicht ergänzend zur repräsentativen Demokratie gedacht, sondern sollte an deren Stelle treten! Dieser Auffassung war er nicht nur vor der Zeit, als er sich für Die Grünen engagierte, wie 1976, als er erklärte:

> [...] der erste Schritt ist einfach die Erkenntnis, dass man nicht mehr Parteibonzen wählen darf, dass man einfach nicht mehr das Parteiensystem unterstützen darf.[21]

Denn auch 1985 formulierte er unmissverständlich:

> Politik verdirbt überall das ganze Geschäft. Überall, wo die Brüder auftauchen, ist die Sache am Ende, aus welcher Richtung auch immer.[22]

21 Rainer Rappmann: Interview mit Joseph Beuys. In: Ders. / Volker Harlan / Peter Schata: *Soziale Plastik. Materialien zu Joseph Beuys*. Achberg: Achberger Verlag 1976, S. 10–25, hier S. 10.

22 Beuys / Ende: *Kunst und Politik*, S. 13. Trotz dieses späten, unmissverständlichen Belegs für Beuys' Festhalten an seiner entschieden antiparlamentarischen Haltung über seine Beteiligung an der Gründung der Partei Die Grünen hinaus, findet man im gerade erschienenen „Handbuch" folgende unhaltbare Behauptung: „Die Kritik am Parteiensystem, Anfang der 1970er Jahre für Beuys noch ein wichtiges Thema, war inzwischen der Erkenntnis gewichen, dass im politischen System von Demokratien diejenigen Reformideen friedlich zur Durchsetzung gelangen können, die von staatlich gesicherten Instanzen vertreten und vorangebracht werden." (Barbara Lange: Beuys als Gesellschaftsreformer. In: Skrandies / Paust (Hrsg.): *Joseph Beuys Handbuch*, S. 40–47, hier S. 46.) Eine diesbezügliche Quelle findet man in diesem Handbuch natürlich nicht. Siehe auch hier S. 31–34.

Trotzdem findet man noch immer die Vorstellung, Beuys habe zu den Gründern der Partei Die Grünen gehört und sei also durchaus ein parlamentarischer Demokrat gewesen. Konkrete Äußerungen strafen diese Auffassung Lügen, wie:

> I'm strictly against all these political parties […] the political parties, the Church, and all those things, belong to me to the old, to the same old-fashioned world, yes, a dead world.[23]

Zu den Grünen kam Beuys im Übrigen, wie mehrfach thematisiert, über die Bewegung der AUD, der Aktionsgemeinschaft Unabhängiger Deutscher, die von rechtskonservativen und neurechten, sowohl naturschützenden als auch eurozentrischen Kräften geleitet wurde.[24] Ob Beuys, wie in anderen Fällen, die Nazivergangenheit mehrerer Menschen in diesen Kreisen einfach nicht wahrgenommen oder sie als für die Realisierung seiner Zukunftspläne im besten Fall irrelevant gehalten hat, konnte bisher nicht zweifelsfrei geklärt werden.

Zu diesen Besonderheiten der Beuys'schen Standpunkte, Argumentationsmuster und Redeweisen kommt noch ein wichtiger Faktor hinzu, nämlich die Selbstverklärung der eigenen Biografie. Diese hat bisher, abgesehen von der „Tatarenlegende", wenig Aufmerksamkeit erfahren, wohl mit Ausnahme von Hans Peter Riegels Beuys-Biografie, in der dieses Phänomen aber, wohl als Folge der nahezu ausschließlich der biografischen Zeitlinie folgenden Struktur nicht explizit thematisiert wird. Die Selbstüberhöhung, die sich sicherlich weitgehend unbewusst vollzog – einen Lügner sollte man Beuys nicht nennen –, stand in engem Zusammenhang mit seiner egozentrischen, extrem narzisstischen Veranlagung, die dazu führte, dass er immer wieder

23 Martha Hawley: Interview with Joseph Beuys (Fandangos Video-Interview). In: *Fandangos* [Zeitschrift für Kunst und Kultur der Jan van Eyck Academie in Maastricht] 1975, o. P. Vgl. auch das 1971 entstandene Multiple *So kann die Parteiendiktatur überwunden werden*, bestehend aus einer bedruckten Tragetasche aus Polyethylen mit Informationsmaterial und Filzobjekt, hrsg. v. art intermedia, 1971. (Jörg Schellmann: *Joseph Beuys. Die Multiples. Werkverzeichnis der Auflagenobjekte und Druckgraphik*. 7., neubearb. Aufl. München / New York: Schellmann / Schirmer Mosel 1992, S. 81, Verz.Nr. 40.)

24 Vgl. zu dieser Thematik v. a. Gieseke / Markert: *Flieger, Filz und Vaterland*, S. 152–181; Riegel: Beuys, S. 398–405, 443–448.

die biografische Realität zurechtbiegen musste, um diese mit seinem Selbstbild in Einklang zu bringen. Seine zahllose Male in vielen Varianten wiederholte Behauptung, er hätte vor seiner freiwilligen Meldung zur Luftwaffe Naturwissenschaften studiert, wurde hier bereits kritisch erörtert,[25] ebenso wie die vielen Varianten, die als Motive für seine freiwillige Meldung als Kriegsteilnehmer herhalten mussten, oder die Äußerungen zu seiner Entscheidung für den Künstlerberuf. Ähnlich absurd stellte er aber z. B. auch sein frühes Interesse für Philosophie dar:

> Während der Bücherverbrennungen und auch während meines naturwissenschaftlichen Studiums habe ich mich viel mit der Philosophie beschäftigt. Die Philosophie hat mich sehr stark beeinflußt, zum Beispiel im Denken über die Dinge.[26]

Die Bücherverbrennung fand in Kleve, wie anderswo in Deutschland, im Frühjahr 1933 statt, als Beuys 12 Jahre alt war.[27] Hier reimte er sich ein ideales, früh vielseitig begabtes Genie zusammen.
Zusätzlich zum Bedürfnis, die eigene Biografie an seine Idealvorstellungen anzupassen, fällt der Drang auf, die bundesrepublikanische Wirklichkeit negativer darzustellen, um der Notwendigkeit der von ihm gewollten Veränderungen der gesellschaftlichen Strukturen mehr Kraft zu verleihen.[28] Die Beuys'sche Freiheit im Umgang mit Realität und Wahrheit findet ihre Ursachen sehr wahrscheinlich in seinem gesamten Werdegang.

25 Siehe hier S. 79, 85, 87.

26 Bless: Joseph Beuys. Ein Gespräch, S. 39.

27 Geradezu entlarvend für seine oft gezeigte oberflächliche Redeweise ist im Übrigen der Schluss dieser Aussage: „zum Beispiel im Denken über die Dinge", denn wo soll Philosophie sonst eine Rolle gespielt haben als im „Denken über die Dinge"?

28 Regelrecht skandalös ist in dieser Hinsicht das Vorgehen von Autoren wie Reinhard Ermen, der in seiner populären, 2007 bei Rowohlt (rm 50623) erschienenen Beuys-Monografie Kritiker wie die sich auf seriöse Forschungsarbeit stützenden Autoren Gieseke und Markert ausgerechnet mit dem Hinweis auf Beuys' Selbstzeugnisse zurechtzuweisen versucht: „Gegen die Recherchen und moralischen Urteile kritischer Chronisten steht Beuys' eigene Erinnerung [...]." (Reinhard Ermen: *Joseph Beuys*. Reinbek: Rowohlt 2007, S. 12.)

Es soll und kann hier nicht der Versuch unternommen werden, die psychische Disposition von Joseph Beuys ausführlich zu diskutieren. Dafür fehlen mir als Kunsthistoriker die Voraussetzungen. Die Frage muss aber trotzdem gestellt werden, welche Eigenschaften die zahlreichen hier diskutierten Äußerungen überhaupt ermöglicht haben könnten.

Beuys hat mehrmals mitgeteilt, er habe keinen intensiven Kontakt zu seinen Eltern gehabt. Trauer darüber äußerte er nicht, sondern betonte vielfach sein Einzelgängertum, sein Lebensgefühl, von frühester Kindheit an eine eigene Welt geschaffen zu haben, in der er sich ein reiches Leben gestaltete: die eigenständige Erkundung der Tier- und Pflanzenwelt seiner Umgebung, das frühe Herumspazieren mit einem Spazierstock, als habe er sich damals schon als nomadischer Hirschführer gefühlt, oder die Rolle eines „Panzers", eines Schutz schaffenden Ausnahmemenschen, bei Konflikten in der Schule.

Eine in diesem Zusammenhang aufkommende Frage, die wohl kaum ausreichend beantwortet werden kann, ist die nach der Bedeutung der katholischen Kirche in Beuys' Leben und Vorstellungswelt während seiner Kindheit und Jugend. Es handelte sich da aber sicherlich um eine qua Normen und Lebensweise sehr traditionelle Gemeinschaft, in welcher der Antijudaismus selbstverständlich war.[29]

Dann gab es in der Schule die Lehrer mit ihren Kriegsgeschichten, Lehrer, die er verehrt hatte und auch um 1980 immer noch verehrte. Es gab das Abenteuer mit dem Wanderzirkus, dem er sich als Schüler angeblich angeschlossen hatte, um dann Monate lang Plakate zu kleben und Tiere zu pflegen, bis sein Vater ihn nach Hause zurückholte. Es wird in seiner Erinnerung so gelaufen sein, aber der mit einem detaillierten Gedächtnis ausgestattete Klassenkamerad Wilhelm van den Boom konnte sich an eine auffallende Abwesenheit von Beuys nicht erinnern. Dass die Eltern mit der Rückholung Monate lang gewartet hätten, ist darüber hinaus völlig undenkbar.

Dann kam die Zeit der Hitlerjugend, in der er nichts Böses erlebt habe und sich nur an Jugendvergnügen in Freiheit erinnern könne, wo es in Wirklichkeit systematische Indoktrination gegeben hat. Schon damals, so scheint es, hat Beuys in einer Phantasiewelt gelebt, die ihm einen kritischen Blick in die ihn umgebende weitgehend verstellt hat.

29 Siehe hier S. 57–60.

Diese private Welt wurde aller Wahrscheinlichkeit nach auch bei Kriegsbeginn und während des Krieges nicht wirklich größer oder offener. Von der Zeit in Posen blieb ihm nicht das Herrenmenschen-Auftreten der Besatzer,[30] zu denen er gehörte, in Erinnerung, sondern die Erfahrung der Vorlesungen, die er hören durfte, und der Gesprächskreis, in dem namentlich der damals schon angesehene Philosoph und Pädagoge Eduard Spranger diskutiert wurde, der 1933 zwar nicht in die NSDAP eintrat, aber nahezu bis Kriegsende den Ideen des Nationalsozialismus inklusive der Kriegsziele und der kriegerischen Erziehung besonders nahestand.[31] Es waren ansonsten möglicherweise nie die grausamen Eroberungszüge der Wehrmacht, die Beuys intensiv beschäftigten, sondern die Weimarer Klassik und die Poesie der Romantik. Es gibt also einen höchst auffallenden Kontrast zwischen den verdrängten Erlebnissen und solchen, die ihm später im Rahmen seiner geistigen Entwicklung wichtig werden sollten.
Diese gesamte heile Welt geriet selbstverständlich in Bedrängnis, als ihm, wie so unzählbar vielen anderen, klar wurde, in was für einer Welt er die ganze Zeit gelebt hatte. Viele um ihn herum flüchteten in Verdrängung und Wiederaufbau, die Allerwenigsten kämpften mit

30 Vgl. zu der damaligen Situation in Posen, wo der Nationalsozialismus in voller Offenheit seine Triumphe feierte und seine rassistisch und antisemitisch begründeten Eroberungsvorhaben umsetzte: Gieseke / Markert: *Flieger, Filz und Vaterland*, S. 51–67; Johannes Kalisch / Gerd Voigt: „Reichsuniversität Posen". In: Alfred Anderle / Werner Basler (Red.): *Juni 1941. Beiträge zur Geschichte des hitlerfaschistischen Überfalls auf die Sowjetunion*. Berlin: Rütten & Loening 1961, S. 188–206.

31 Beuys erwähnte Spranger nicht nur selbst in seinem „Lebenslauf Werklauf" (Adriani / Konnertz / Thomas: *Joseph Beuys*, S. 8), sondern auch Heiner Stachelhaus erläutert, wohl nach Beuys' eigener Darstellung, es habe sich um „intensive philosophische Diskussionen" in einem „Philosophenkreis" gehandelt, „der sich damals hauptsächlich mit Sprangers Werk ‚Die Psychologie des Jugendalters' beschäftigte." (Stachelhaus: *Joseph Beuys*, S. 23.) Stachelhaus weist in diesem Zusammenhang daraufhin, „daß Beuys von Sprangers ‚Psychologie des sinnbezogenen Lebens' und seiner auf harmonische Ausbildung aller menschlichen Kräfte zielenden Pädagogik fasziniert" gewesen sei (ebd., S. 23–24). Aber gerade diese „auf harmonische Ausbildung aller menschlichen Kräfte zielende Pädagogik" stand damals bei Spranger vollständig im Zeichen einer volksnational ausgerichteten und mit der Unterordnung unter Volk und Führertum aufs engste verbundenen Auffassung „deutscher" Erziehung. Vgl. dazu Benjamin Ortmeyer: *Eduard Spranger und die NS-Zeit. Forschungsbericht*. Frankfurt am Main: Fachbereich Erziehungswissenschafen der Johann Wolfgang Goethe-Universität 2008. https://forschungsstelle.files.wordpress.com/2012/06/ortmeyer_forschungsbericht_sprangerunddienszeit.pdf (Zugriff am 12.02.2021).

Scham und Trauer, der Antisemitismus grassierte weiter.[32] Für Beuys öffnete sich aber sehr bald nach dem Krieg ein Vorstellungsraum, mit dem er auch während des Krieges kurz in Berührung gekommen war, und zwar der der Anthroposophie. Hier betrat er eine Welt, in der alles stimmig mit allem zusammenhing, eine geschlossene Welt, einen Kokon, eine Käseglocke, die nahezu nie gelüftet werden sollte. Nach gründlichem Studium der Schriften von Rudolf Steiner war dieser für ihn der große Geisteswissenschaftler der Gegenwart. Bei Rudolf Steiner gab es keine Zweifel, nur Sicherheiten, ein rundum beschreibbares und erklärbares Bild der „Wirklichkeit". Steiner hatte Antworten auf alle Fragen. Wer heute die Vorlesungen von Steiner liest, muss sich fragen, wo das eigene Denkvermögen seiner Zuhörer geblieben war. Steiners argumentative Methode war denkbar einfach. Er stellte eine Behauptung auf, an die dann im nächsten Abschnitt immer als bewiesene Tatsache erinnert und angeknüpft wurde. Er kannte das Geheimnis der „Zeitalter", der „Wurzelrassen" und der „Erzengel" ... Er hatte als einer der ganz, ganz wenigen die geheime Akasha-Chronik, die es irgendwo in der Geisterwelt geben sollte, gelesen und konnte also über alles die Wahrheiten vermitteln.

Für Beuys, der sich während seines Akademiestudiums in diese Welt stürzte, war dies eine neue und übersichtliche „Wirklichkeit", in die er hineinglitt, ohne jede kritische Reflexion über die historische Wirklichkeit, in der er gelebt und gehandelt hatte. Nun bekam alles einen Sinn. Während seiner persönlichen Krise in der Mitte der 1950er Jahre schaffte er es, seinen künstlerischen Impetus, der schon in der Schulzeit eine Rolle gespielt hatte, in diese Gesamtstruktur des anthroposophischen Weltbilds einzufügen. Wer die Gespräche mit Beuys kennt, aus schriftlicher Veröffentlichung oder von filmischen Wiedergaben, hat gesehen und erlebt, dass Beuys nur Antworten gegeben hat. Er wusste und verstand alles, genauso wie Rudolf Steiner. Offensichtliche Gedankenkonflikte entstanden seitdem genau dann, wenn es sich um konkrete politische, gesellschaftliche und historische

32 Vgl. Werner Bergmann / Rainer Erb: Das Fortleben des Antisemitismus nach 1945. In: Wolfgang Benz / Werner Bergmann (Hrsg.): *Vorurteil und Völkermord. Entwicklungslinien des Antisemitismus*. Bonn: Bundeszentrale für politische Bildung 1997, S. 397–434; Monika Boll / Raphael Gross (Hrsg.): *„Ich staune, dass Sie in dieser Luft atmen können". Jüdische Intellektuelle in Deutschland nach 1945*. Frankfurt am Main: Fischer 2013.

Realitäten handelte, um den Unterricht an der Hindenburg-Oberschule in Kleve, um die HJ, um die Kriegsführung, um die Strukturen des nationalsozialistischen Staates, um die gesamte politische Geschichte des 19. und 20. Jahrhunderts, um das Schulwesen der Nachkriegszeit, um den Parlamentarismus und vor allem um die Realitäten der jüngst vergangenen Welt der nationalsozialistischen Herrschaft. Da wurde Beuys hilflos, richtungslos und haltlos einer Realität gegenüber, mit der er sich nie kritisch auseinandergesetzt hatte. Da drangen ungefiltert Begriffe und Auffassungen aus der jüngsten Geschichte in sein Vokabular ein, da formulierte er „Wissen" und Behauptungen, die der kritischen Nachwelt zu Recht Anlass gegeben haben, ihm unmittelbare Nähe zum Gedankengut der Nationalsozialisten vorzuwerfen. Er hatte seine logisch zusammenhängende Welt unter der geschlossenen Käseglocke. Wurde diese angehoben, so zeigte sich in vollem Umfang die fehlende kritische Auseinandersetzung mit der realen Welt und ihrer jüngeren Geschichte. Hier liegt wohl auch der Grund für seinen kritiklosen Umgang mit allen, die ihn unterstützten, wie mit Assistenten, Sammlern, Mitstreitern der AUD oder aktiven Anhängern der Organisation für Direkte Demokratie durch Volksabstimmung, oder mit den vielen, die ihm – wie die Zeitschrift *Penthouse* – eine Bühne bieten wollten, egal wes Geistes Kind sie waren.

Ohne Zweifel sind von Beuys positiv anregende Impulse ausgegangen. Es gibt aber, wie hier gezeigt wurde, gute Gründe, dem Denken von Joseph Beuys mit äußerster Vorsicht und mit einem entschieden kritischen Ansatz zu begegnen. Eine grenzenlose Bewunderung für Beuys als großen Denker ist naiv und gefährlich. Es kann nach wie vor bereichernd und sinnvoll sein, den materialisierten Werken, und unter ihnen vor allem Beuys' vielfach beeindruckenden Zeichnungen, offene Aufmerksamkeit zu schenken. Der Gesamtzusammenhang, in den der Künstler selbst seine Werke stellte, verdient hingegen allergrößte Skepsis.

Literaturverzeichnis

I. Quellen der Beuys-Zitate

Adriani, Götz / Winfried Konnertz / Karin Thomas: *Joseph Beuys*. Köln: DuMont Schauberg 1973. (Zitate nach Gesprächen aus den Jahren 1971 und 1972.)

Joseph Beuys. Leben und Werk. Erw. u. gestraffte Neuaufl. Köln: DuMont 1981.

Joseph Beuys. Überarb. u. erw. Neuaufl. Köln: DuMont 1994.

Angerbauer-Rau, Monika: *Beuys Kompass. Ein Lexikon zu den Gesprächen von Joseph Beuys*. Köln: DuMont 1998.

Beuys, Eva (Hrsg.): *Joseph Beuys. Das Geheimnis der Knospe zarter Hülle. Texte 1941–1986*. München: Schirmer Mosel 2000.

Beuys, Joseph: *Zeichnungen 1947–59. Gespräch zwischen Joseph Beuys und Hagen Lieberknecht*. Köln: Schirmer 1972.

Aktive Neutralität. Die Überwindung von Kapitalismus und Kommunismus [1985]. Wangen: FIU 1994.

Mein Dank an Lehmbruck. Rede anlässlich des Festakts zur Verleihung des Wilhelm-Lehmbruck-Preises im Wilhelm Lehmbruck Museum der Stadt Duisburg am 12. Januar 1986. In: Lothar Schirmer (Hrsg.): *Joseph Beuys. Mein Dank an Lehmbruck. Eine Rede*. München: Schirmer Mosel 2006, S. 9–29. (Nicht autorisiert erschien die Rede zunächst in *Joseph Beuys. Zu seinem Tode. Nachrufe, Aufsätze, Reden*. Bonn: Inter Nationes 1986, S. 37–58.)

Beuys, Joseph / Michael Ende: *Kunst und Politik. Ein Gespräch*. Wangen: Freie Volkshochschule Argental 1989. (Das Gespräch fand am 08.02.1985 statt.)

Beuys, Joseph / Frans Haks: *Das Museum. Ein Gespräch über seine Aufgaben, Möglichkeiten, Dimensionen*. Wangen: FIU 1993.

Bless, Frits: Joseph Beuys. Ein Gespräch. In: *Joseph Beuys. Pobyt Tymczasowy – Vorübergehender Aufenthalt*. Ausstellungskatalog. Krakau: Fundacja Nowosielskich 1998, S. 31–79. (Das Gespräch mit Beuys führte Frits Bless am 14.05.1978.)

Bodenmann-Ritter, Clara (Hrsg.): *Joseph Beuys. Jeder Mensch ein Künstler. Gespräche auf der documenta 5/1972* [1975]. Frankfurt am Main: Ullstein 1994.

Brokken, Jan: *Stedevaart*. Amsterdam / Antwerpen: Atlas Contact 2020.

Burckhardt, Jacqueline (Hrsg.): *Ein Gespräch – Una Discussione. Joseph Beuys, Jannis Kounellis, Anselm Kiefer, Enzo Cucchi*. Zürich: Parkett 1988. (Die Gesprache fanden 1985 im Laufe von mehreren Begegnungen statt.)

Dienst, Rolf-Gunter: Joseph Beuys. In: Ders.: *Noch Kunst. Neuestes aus deutschen Ateliers*. Düsseldorf: Droste 1970, S. 26–47.

Grinten, Hans van der: Gespräch mit Joseph Beuys. In: *Joseph Beuys. Teckningar och objekt 1937–1970 ur samling van der Grinten / Zeichnungen und Objekte 1937–1970 aus der Sammlung van der Grinten*. Ausstellungskatalog Moderna Museet. Stockholm: Moderna Museet 1971, o. P. (Das Gespräch fand 1970 statt.)

Hawley, Martha: Interview with Joseph Beuys (Fandangos Video-Interview). In: *Fandangos* [Zeitschrift für Kunst und Kultur der Jan van Eyck Academie in Maastricht] 1975, o. P.

Herzogenrath, Wulf: [Gespräch mit] Joseph Beuys. In: Ders. (Hrsg.): *Selbstdarstellung. Künstler über sich.* Düsseldorf: Droste 1973, S. 22–51. (Das Gespräch fand am 19.01.1972 statt.)

Hessisches Landesmuseum (Hrsg.): *Der Beuys-Block im Hessischen Landesmuseum in Darmstadt. Blätter für Besucher 11.* Darmstadt o. J., Faltblatt o. P. Textbearbeitung und Übersetzungen: Barbara Strieder.

Jappe, Georg: *Beuys packen. Dokumente 1968–1996.* Regensburg: Lindinger + Schmid 1996, S. 206–220. (Das Gespräch zum Thema „Schlüsselerlebnisse" fand am 27.09.1976 statt.)

Joseph Beuys. In: Hans Mayer / Joseph Beuys / Margarete Mitscherlich-Nielsen / Albrecht Schönherr: *Reden über das eigene Land: Deutschland,* Bd. 3. München: Bertelsmann 1985, S. 37–52. (Das Gespräch fand 1985 in den Münchner Kammerspielen statt.)

Joseph Beuys im Gespräch mit Knut Fischer und Walter Smerling. Köln: Kiepenheuer & Witsch 1989. (Das Gespräch fand 1985 statt.)

Joseph Beuys. Lebensbrief. In: *Getlinger photographiert Beuys 1950–1965.* Ausstellungskatalog Städtisches Museum Kalkar u. a. Köln: DuMont 1990, o. P. [nach dem Tafelteil].

Joseph Beuys. ‚Straßenbahnhaltestelle'. Ein Monument für die Zukunft. Ausstellungskatalog. Kleve: Museum Kurhaus Kleve – Ewald Mataré-Sammlung 2000.

Joseph Beuys. Werke aus der Sammlung Karl Ströher. Ausstellungskatalog. Basel: Kunstmuseum Basel 1969.

Josef Beuys. Zeichnungen, Aquarelle, Oelbilder, Plastische Bilder aus der Sammlung van der Grinten. Ausstellungskatalog. Kleve: Städtisches Museum Haus Koekkoek 1961.

Kempowski, Walter: Bei Hitlers Adjutanten gab es Apfelstrudel mit Sahne. In: *Die Zeit*, 05/1983, S. 8–9. https://www.zeit.de/1983/05/bei-hitlers-adjutanten-gab-es-apfelstrudel-mit-sahne/komplettansicht (Zugriff am 29.03.2019).

Koepplin, Dieter: Interview mit Joseph Beuys am 1. Dezember 1976. In: Ders. / Joseph Beuys / Caroline Tisdall: *Joseph Beuys. The Secret Block for a Secret Person in Ireland.* Ausstellungskatalog. Basel: Kunstmuseum Basel 1977, S. 19–27.

Kunz, Martin: Gespräch mit Joseph Beuys (Düsseldorf, 10. Mai 1979). In: *Joseph Beuys. Spuren in Italien.* Ausstellungskatalog. Luzern: Kunstmuseum Luzern 1979, o. P.

Meyer, Frank / Eivind Olsen: „Kunst gleich Kapital". Interview mit Joseph Beuys. In: Ramon Brüll (Hrsg.): *„Abenteuer des Lebens und des Geistes". Dreizehn Interviews aus dem Umkreis der Anthroposophie.* Frankfurt am Main: Info 3 1985, S. 85–91. (Zuvor erschienen in der Zeitschrift *Info 3*, 02/1982.)

Müller, André: Penthouse-Interview – Joseph Beuys. In: *Penthouse*, Mai 1980, S. 59–62, 98–101.

Müller, Dr.: Interview mit J. Beuys. In: *Galerie-Spiegel. Monatsschrift der Münchner Galerien*, Juli/August 1968, o. P.

Platner, Geert und Schüler der Gerhart-Hauptmann-Schule in Kassel (Hrsg.): *Schule im Dritten Reich. Erziehung zum Tod? Eine Dokumentation.* München: dtv 1983. (Das Gespräch fand am 08.03.1982 statt.)

Rappmann, Rainer: Interview mit Joseph Beuys. In: Ders. / Volker Harlan / Peter Schata: *Soziale Plastik. Materialien zu Joseph Beuys.* Achberg: Achberger Verlag 1976, S. 10–25.

Reithmann, Max / Gaya Goldcymer (Interviewer): Dernier espace avec introspecteur. In: *Joseph Beuys. Par la présente, je n'appartiens plus à l'art.* Textes et entretiens choisis par Max Reithmann, aus d. Dt. v. Olivier Mannoni / Pierre Barossa. Paris: L'Arche 1988, S. 100–130.

Schellmann, Jörg / Bernd Klüser (Hrsg.): *Joseph Beuys. Werkverzeichnis Multiples und Druckgraphik 1965–1985.* München: Schirmer 1985.

Stüttgen, Johannes: *Der Ganze Riemen. Der Auftritt von Joseph Beuys als Lehrer. Die Chronologie der Ereignisse an der Staatlichen Kunstakademie Düsseldorf 1966–72.* Köln: König 2008.

Tisdall, Caroline: *Joseph Beuys.* Ausstellungskatalog. New York: Solomon R. Guggenheim Foundation 1979.

Waberer, Keto von: Das Nomadische spielt eine Rolle von Anfang an. Interview mit Joseph Beuys. In: Carl Haenlein (Hrsg.): *Joseph Beuys. Eine Innere Mongolei. Dschingis Khan – Schamanen – Aktricen. Ölfarben, Wasserfarben und Bleistiftzeichnungen aus der Sammlung van der Grinten.* Hannover: Kestner Gesellschaft 1990, S. 197–221. (Das Interview fand 1979 statt.)

II. Sonstige Literatur

Abschied von den Bannfahnen der HJ von Kleve. In: *Der Volksfreund*, 11.08.1936. Stadtarchiv Kleve.

Amt für Presse und Öffentlichkeitsarbeit Köln (Hrsg.): *Hitlerjugend*, o. D. http://museenkoeln.de/ausstellungen/nsd_1609_hitlerjugend/01_04_hitlerjugend.html (Zugriff am 30.11.2020).

Bergmann, Werner / Rainer Erb: Das Fortleben des Antisemitismus nach 1945. In: Wolfgang Benz / Werner Bergmann (Hrsg.): *Vorurteil und Völkermord. Entwicklungslinien des Antisemitismus.* Bonn: Bundeszentrale für politische Bildung 1997, S. 397–434.

Blume, Eugen: Beuys-Debatte. Mysterien im Hauptbahnhof. In: *Süddeutsche Zeitung*, 15.05.2018. https://www.sueddeutsche.de/kultur/beuys-debatte-mysterien-im-hauptbahnhof-1.3980342 (Zugriff am 08.09.2021).

Boll, Monika / Raphael Gross (Hrsg.): *„Ich staune, dass Sie in dieser Luft atmen können". Jüdische Intellektuelle in Deutschland nach 1945.* Frankfurt am Main: Fischer 2013.

Buchloh, Benjamin H. D.: The Twilight of the Idol. In: *Artforum*, Januar 1980, S. 35–43.

Joseph Beuys. Die Götzendämmerung. (Dt. Übers. des Aufsatzes aus *Artforum* 1980.) In: *Brennpunkt Düsseldorf. Joseph Beuys – Die Akademie – Der allgemeine Aufbruch. 1962–1987.* Ausstellungskatalog. Düsseldorf: Kunstmuseum Düsseldorf 1987, S. 60–77.

Reconsidering Joseph Beuys. Once Again. In: Gene Ray (Hrsg.): *Joseph Beuys. Mapping the Legacy.* New York: D. A. P. / Ringling Museum 2001, S. 75–89.

Cesare, Donatella di: *Heidegger, die Juden, die Shoa*. Frankfurt am Main: Klostermann 2016.

Coenen, Jan: Kriegsfreiwillige der Klever Oberschule. In: *Kalender für das Klever Land auf das Jahr 1998*. Kleve: Boss 1997, S. 81–82.

Czech, Danuta: *Kalendarium der Ereignisse im Konzentrationslager Auschwitz-Birkenau 1939–1945*. Reinbek: Rowohlt 1989.

Deutsche Vaterlandslieder. Leipzig [1914].

Egle, Gert: Suizid in Deutschland 1893–2000. In: *teachSam*, o. D. http://teachsam.de/pro/pro_selbsttt/pro_selbsttt_stat_3_1.htm (Zugriff am 21.03.2020).

Eilers, Maria: Die Stadt als Schulzentrum. In: Hansjoachim Henning (Hrsg.): *Beiträge zur Geschichte der Stadt Kleve im 20. Jahrhundert.* Kleve: Stadtarchiv Kleve 1991, S. 317–387.

Eilers, Rolf: Politische Geschichte Kleves im 20. Jahrhundert. In: Hansjoachim Henning (Hrsg.): *Beiträge zur Geschichte der Stadt Kleve im 20. Jahrhundert.* Kleve: Stadtarchiv Kleve 1991, S. 11–146.

Enzensberger, Hans Magnus (Hrsg.): *Tausend ganz normale Jahre. Ein Photoalbum des gewöhnlichen Faschismus von Otto Weber. 99 Aufnahmen in Kupfertiefdruck ausgewählt von Hildegard Weber.* Nördlingen: Greno 1987.

Ermen, Reinhard: *Joseph Beuys*. Reinbek: Rowohlt 2007.

Famulla, Rolf: *Joseph Beuys. Künstler, Krieger und Schamane. Die Bedeutung von Trauma und Mythos in seinem Werk.* 2., neu bearb. Aufl. Gießen: Psychosozial-Verlag 2009.

Fischer-Defoy, Christine: *Kunst Macht Politik. Die Nazifizierung der Kunst- und Musikhochschulen in Berlin.* Berlin: Elefanten Press 1988.

Freiherr-vom-Stein-Gymnasium (Hrsg.): *1817–2017. Festschrift zur 200-Jahr-Feier des Freiherr-vom-Stein-Gymnasiums*. Kleve: Freiherr-vom-Stein-Gymnasium 2017.

Freundeskreis Museum Kurhaus / Koekkoek-Haus Kleve e. V. (Hrsg.): *Joseph Beuys. „Strassenbahnhaltestelle“. Ein Monument für die Zukunft.* Ausstellungskatalog. Kleve: Museum Kurhaus 2000.

Friedländer, Saul: *Das Dritte Reich und die Juden*, Bd. 1: Die Jahre der Verfolgung 1933–1939. München: Beck 2007.

Frisch gesungen im neuen Deutschland. Vaterlands- und Marschlieder für die deutsche Schuljugend. Hannover: Meyer 1934.

Galen, Clemens August von: Predigt vom 3. August 1941. In: *Kirche + Leben*, o. D. https://www.kirche-und-leben.de/artikel/predigten-von-kardinal-von-galen (Zugriff am 03.11.2020).

Gebbink, Andreas: Joseph Beuys soll viele Stationen seines Lebens geschönt haben. In: *Der Westen*, 21.05.2013. https://www.derwesten.de/staedte/nachrichten-aus-kleve-und-der-region/joseph-beuys-soll-viele-stationen-seines-lebens-geschoent-haben-id7976992.html (Zugriff am 10.11.2020).

Geibel, Emanuel: *Heroldsrufe. Aeltere und neuere Zeitgedichte.* Stuttgart: Cotta 1871.

Gellaty, Robert: *Hingeschaut und weggesehen. Hitler und sein Volk.* Stuttgart / München: DVA 2002.

Gieseke, Frank / Albert Markert: *Flieger, Filz und Vaterland. Eine erweiterte Beuys-Biografie.* Berlin: Elefanten Press 1996.

Gloy, Thomas: *Im Dienst der Gemeinschaft. Zur Ordnung der Moral in der Hitlerjugend.* Göttingen: Wallstein 2018.

Glozer, Laszlo: Zum Tode von Joseph Beuys. In: *Wolkenkratzer. Art Journal* 3,11 (1986), S. 28–33.

Gregor, Birgit: Zum protestantischen Antisemitismus. Evangelische Kirchen und Theologen in der Zeit des Nationalsozialismus. In: Fritz Bauer Institut (Hrsg.): *„Beseitigung des jüdischen Einflusses …" Antisemitische Forschung, Eliten und Karrieren im Nationalsozialismus.* Frankfurt am Main / New York: Campus 1999, S. 171–200.

Grinten, Hans van der: Beuys und Jünger. In: Volker Harlan / Dieter Koepplin / Rudolf Velhagen (Hrsg.): *Joseph Beuys-Tagung Basel 1.–4. Mai 1991.* Basel: Wiese 1991, S. 7–12.

Gronert, Stefan: Beuys als Problem. Zu einigen Grenzen des Museums, der akademischen Kunstgeschichte und der Kunst. In: Kunstmuseum Bonn (Hrsg.): *Joseph Beuys. Zeichen aus dem Braunraum – Auflagenobjekte und grafische Serien.* Ausstellungskatalog. Bonn: Kunstmuseum Bonn 2005, S. 195–207.

Haag, Filip: Deutsche Weltkunst. Eine neue Beuys-Biographie mit kritischen Tönen. In: *Der kleine Bund. Kulturbeilage zum ‚Bund'*, 05.04.1997.

Haas, Walter: *So war es!* Kleve: Selbstverlag 2003. Stadtarchiv Kleve, Kleine Abgaben 117.

Hahn, Susanne / Christina Schröder: Suizidalität im Nationalsozialismus. In: *Psychologie und Gesellschaftskritik* 16,2 (1992), S. 81–101. https://nbn-resolving.org/urn:nbn:de:0168-ssoar-266532 (Zugriff am 21.03.2020).

Halbinger, Monika: *Das Jüdische in den Wochenzeitungen* Zeit, Spiegel *und* Stern *(1946–1989). Berichterstattung zwischen Popularisierungsbemühung, Vereinnahmung und Abwehr.* München: Lang 2010.

Harlan, Volker / Dieter Koepplin / Rudolf Velhagen (Hrsg.): *Joseph Beuys-Tagung Basel 1.–4. Mai 1991.* Basel: Wiese 1991.

Hein, Peter Ulrich: Rembrandtdeutsche Motive am Niederrhein. Hippolyte Taine, August Julius Langbehn, Joseph Beuys. In: Dieter Geuenich (Hrsg.): *Der Kulturraum Niederrhein. Im 19. und 20. Jahrhundert*, Bd. 2. Bottrop / Essen: Pomp 1997, S. 123–136.

Henning, Hansjoachim (Hrsg.): *Beiträge zur Geschichte der Stadt Kleve im 20. Jahrhundert.* Kleve: Stadtarchiv Kleve 1991.

Heschel, Susannah: Deutsche Theologen für Hitler. Walter Grundmann und das „Eisenacher Institut zur Erforschung und Beseitigung des jüdischen Einflusses auf das deutsche kirchliche Leben". In: Fritz Bauer Institut (Hrsg.): *„Beseitigung des jüdischen Einflusses…" Antisemitische Forschung, Eliten und Karrieren im Nationalsozialismus.* Frankfurt am Main / New York: Campus 1999, S. 147–168.

Hoffmann-Curtius, Kathrin, in Zusammenarbeit mit Sigrid Philipps: *Bilder zum Judenmord. Eine kommentierte Sichtung der Malerei und Zeichenkunst in Deutschland von 1945 bis zum Auschwitz-Prozess.* Marburg: Jonas 2014.

Hoffmans, Christiane: *Beuys. Bilder eines Lebens.* Leipzig: Seemann 2009.

Hohstadt, Siegfried: Nicht marschieren, sondern musizieren. Erinnerungen an das Jugendbannorchester im „Dritten Reich". In: *Forum 6. Freiherr-vom-Stein-Gymnasium. Kleve. 1817–1992. Festausgabe zum 175jährigen Bestehen.* Kleve: o. V. 1992, S. 63–68.

Hölderlin, Friedrich: *Vom Reich der deutschen Seele.* Stuttgart: Deutsche Volksbücher ca. 1938.

Holzhey, Magdalena: *Im Labor des Zeichners. Joseph Beuys und die Naturwissenschaft.* Berlin: Reimer 2009.

Hubert, Martin: Einblicke in eine dunkle Folge des nationalsozialistischen Terrors (Besprechung des Buchs *Selbstmord im Dritten Reich* von Christian Goeschel, Berlin 2011). In: *Deutschlandfunk*, 30.01.2021. https://www.deutschlandfunk.de/einblicke-in-eine-dunkle-folge-des-nationalsozialistischen.1310.de.html?dram:article_id=194566 (Zugriff am 21.03.2020).

Hülsmeier, Dorothea: Joseph Beuys. „Beuys war bis ins Mark völkisch". Interview mit Hans Peter Riegel. In: *Berliner Zeitung*, 20.05.2013.

Jähner, Harald: *Wolfszeit. Deutschland und die Deutschen 1945–1955.* Berlin: Rowohlt 2019.

Joseph Beuys. Werklinien. Ausstellungskatalog. Kleve: Museum Kurhaus – Ewald Mataré-Sammlung 2016.

Kalisch, Johannes / Gerd Voigt: „Reichsuniversität Posen". In: Alfred Anderle / Werner Basler (Red.): *Juni 1941. Beiträge zur Geschichte des hitlerfaschistischen Überfalls auf die Sowjetunion.* Berlin: Rütten & Loening 1961, S. 188–206.

Keim, Wolfgang: *Erziehung unter der Nazi-Diktatur*, Bd. I: Antidemokratische Potentiale, Machtantritt und Machtdurchsetzung; Bd. II: Kriegsvorbereitung, Krieg und Holocaust. Darmstadt: WBG 2005.

Kemiläinen, Aira: *Auffassungen über die Sendung des deutschen Volkes um die Wende des 18. und 19. Jahrhunderts*. Helsinki: Academy 1956.

Klemperer, Victor: *LTI. Notizbuch eines Philologen* [1947]. Leipzig: Reclam 1996.

Klönne, Arno: *Jugend im Dritten Reich. Die Hitler-Jugend und ihre Gegner*. Köln: PapyRossa 2008.

Knöfel, Ulrike: Ein deutscher Künstler. In: *Der Spiegel*, 29.04.2017, S. 116.

/ Bianca Lang: „Dann pinkelte Beuys aus dem Fenster". In: *Der Spiegel*, 17.10.2020, S. 122–125.

Kramer, Mario: „Auschwitz Demonstration" 1956–1964. In: Eckhart Gillen (Hrsg.): *deutschlandbilder. Kunst aus einem geteilten Land*. Ausstellungskatalog Martin-Gropius-Bau, Berlin. Köln: DuMont 1997, S. 293–303.

Zu den Entwürfen von Joseph Beuys für ein Mahnmal für Auschwitz. In: Stiftung Museum Schloss Moyland, Sammlung van der Grinten, Joseph Beuys Archiv des Landes Nordrhein-Westfalen (Hrsg.): *Beuys. Energieplan*. Ausstellungskatalog. Bedburg-Hau: Museum Schloss Moyland 2010, S. 145–155.

Krebs, Wolfgang: *Juden in Kleve. Spuren einer verlorenen Vergangenheit*. Kleve: Verlag für Kultur und Technik 1993.

Kremer, Detlef / Christoph Kleinschmidt: Die mittlere Phase der Romantik. In: Wolfgang Bunzel (Hrsg.): *Romantik. Epoche – Autoren – Werke*. Darmstadt: WBG 2010, S. 26–41.

Kunisch, Hans-Peter: *Todtnauberg. Die Geschichte von Paul Celan, Martin Heidegger und ihrer unmöglichen Begegnung*. München: dtv 2020.

Langenhuisen, Rolf: Eine Dokumentation des Mitläufertums. In: *Rund um den Schwanenturm. Zeitschrift des Klevischen Heimat- und Verkehrsvereins e. V.* 10 (März 1987), S. 26–30.

Levin, Kim: Joseph Beuys. The New Order. In: *Arts Magazine* 54 (1980), S. 154–157.

Liederblatt der Hitlerjugend. 2. Jahresband. Wolfenbüttel / Berlin: Kallmeyer 1937.

Looschelders, Nils: Chronologische Übersicht zur Schulgeschichte. In: Freiherr-vom-Stein-Gymnasium (Hrsg.): *1817–2017. Festschrift zur 200-Jahr-Feier des Freiherr-vom-Stein-Gymnasiums*. Kleve: Freiherr-vom-Stein-Gymnasium 2017, S. 11–12.

Erinnerung an einen vergessenen jüdischen Schüler unserer Schule: Ernst Leffmann. In: Ebd., S. 45–49.

Manheim, Ron: Die zu schützende Flamme. Joseph Beuys und seine Lehmbruck-Rezeption. In: *Kunstchronik. Monatsschrift für Kunstwissenschaft, Museumswesen und Denkmalpflege* 62,3 (2009), S. 105–114.

Müller, Alois Martin: Überflieger im Vaterlandsfilz. Eine ‚erweiterte' Beuys-Biographie bleibt auf dem Boden. In: *Tages-Anzeiger*, 08.07.1996.

Müller, Saskia / Benjamin Ortmeyer: *Die ideologische Ausrichtung der Lehrkräfte 1933–1945. Herrenmenschentum, Rassismus und Judenfeindschaft des Nationalsozialistischen Lehrerbundes. Eine dokumentarische Analyse des Zentralorgans des NSLB*. Weinheim / Basel: Beltz Juventa 2016.

Ortmeyer, Benjamin: *Schulzeit unterm Hitlerbild, Analysen, Berichte, Dokumente*. Frankfurt am Main: Fischer 1996.

Eduard Spranger und die NS-Zeit. Forschungsbericht. Frankfurt am Main: Fachbereich Erziehungswissenschafen der Johann Wolfgang Goethe-Universität 2008. https://forschungsstelle.files.wordpress.com/2012/06/ortmeyer_forschungsbericht_sprangerunddienszeit.pdf (Zugriff am 12.02.2021).

Indoktrination. Rassismus und Antisemitismus in der Nazi-Schülerzeitschrift „Hilf mit!" (1933–1944). Analyse und Dokumente. Weinheim / Basel: Beltz Juventa 2013.

Paust, Bettina: Die schöpferische Kraft des Feuers im Werk von Joseph Beuys. In: Dies. / Johannes Bilstein / Peter M. Lynen / Hans Peter Thurn (Hrsg.): *Aufbauen – Zerstören. Phänomene und Prozesse der Kunst*. Oberhausen: Athena 2007, S. 79–92.

Rahner, Stefan / Franz-Helmut Richter / Stefan Riese / Dirk Stelter: *„Treu deutsch sind wir – wir sind auch treu katholisch." Kardinal von Galen und das Dritte Reich*. Münster: Wurf 1987.

Ray, Gene: Joseph Beuys and the after-Auschwitz Sublime. In: Ders. (Hrsg.): *Joseph Beuys. Mapping the Legacy*. New York: D. A. P. / Ringling Museum 2001, S. 55–74.

Reithmann, Max: Wege im Schatten der Geschichte. Zu Paul Klees „Kosmische Reise zu Schiff" und Joseph Beuys' „Palazzo Regale" mit einigen Anmerkungen zum Kontext der Paideia im Erweiterten Kunstbegriff. In: Hessisches Landesmuseum Darmstadt (Hrsg.): *Joseph Beuys. Verbindungen im 20. Jahrhundert. Eine Tagung im Hessischen Landesmuseum Darmstadt 5./6. Mai 2000*. Darmstadt: Hessisches Landesmuseum 2001, S. 36–76.

Riegel, Hans Peter: *Beuys. Die Biographie*. Berlin: Aufbau 2013.

Beuys. Die Biographie. Erw. Neuausgabe. 3 Bde. Zürich: Riverside 2018. (Bd. 3 enthält Dokumente.)

Beuys. Die Biographie, Bd. 4: Verborgenes Reden. Zürich: Riverside 2021.

Rößler, Stephan: Joseph Beuys' Modell für ein Mahnmal in Auschwitz-Birkenau. In: *Rheinsprung 11. Zeitschrift für Bildkritik* 2 (2011), S. 216–222.

Rühler, Urs: „Ich bin nicht angetreten, Beuys vor seinen Feinden zu retten". Interview mit Andres Veiel. In: *Neue Zürcher Zeitung*, 01.06.2017, S. 39.

Sarkowicz, Hans / Alf Mentzer: *Literatur in Nazi-Deutschland. Ein biografisches Lexikon*. Erw. Neuausgabe. Hamburg / Wien: Europa 2002.

Schade, Werner: Ausgehend von einer frühen Zeichnung. In: Volker Harlan / Dieter Koepplin / Rudolf Velhagen (Hrsg.): *Joseph Beuys-Tagung Basel 1.–4. Mai 1991.* Basel: Wiese 1991, S. 13–15.

Schellmann, Jörg: *Joseph Beuys. Die Multiples. Werkverzeichnis der Auflagenobjekte und Druckgraphik.* 7., neubearb. Aufl. München / New York: Schellmann / Schirmer Mosel 1992.

Schiefer, Wilhelm (Hrsg.): *Deutsche Geschichte*, Bd. 4: Das Zweite Reich 1815 bis 1918. 3. Aufl. Frankfurt am Main: Diesterweg 1938.

Schirmer, Lothar (Hrsg.): *Joseph Beuys. Eine Werkübersicht. Zeichnungen und Aquarelle, Drucksachen und Multiples, Skulpturen und Objekte, Räume und Aktionen 1945–1985.* München: Schirmer Mosel 1996.

Schlosser, Horst Dieter: *Sprache unterm Hakenkreuz. Eine andere Geschichte des Nationalsozialismus.* Köln / Weimar / Wien: Böhlau 2013.

Schmaus, Michael: *Begegnungen zwischen katholischem Christentum und nationalsozialistischer Weltanschauung.* Münster: Aschendorff 1933.

Schneede, Uwe: Nachwort. In: Monika Angerbauer-Rau: *Beuys Kompass. Ein Lexikon zu den Gesprächen von Joseph Beuys.* Köln: DuMont 1998, S. 618–632.

Sebastiani, André: *Anthroposophie. Eine kurze Kritik.* Aschaffenburg: Alibri 2019.

Skrandies, Timo / Bettina Paust (Hrsg.): *Joseph Beuys Handbuch. Leben – Werk – Wirkung.* Heidelberg: Metzler 2021.

Stachelhaus, Heiner: *Joseph Beuys.* Düsseldorf: Claassen 1987.

Steiner, Rudolf: *Die Kernpunkte der sozialen Frage in den Lebensnotwendigkeiten der Gegenwart und Zukunft.* Dornach: Steiner 1961.

An das deutsche Volk und an die Kulturwelt [1919]. In: Ebd., S. 157–162.

Die Mission einzelner Volksseelen im Zusammenhang mit der germanisch-nordischen Mythologie. Dornach: Steiner 1983.

Gesamt-Ausgabe, Bd. 110: Geistige Hierarchien und ihre Widerspiegelung in der physischen Welt. Dornach: Steiner 1991, S. 78–79, zit. n. Weltentwicklungsstufen. In: *Anthrowiki*, o. D. https://anthrowiki.at/Weltentwicklungsstufen (Zugriff am 23.09.2020).

Stengel, Katharina: *Hermann Langbein. Ein Auschwitz-Überlebender in den erinnerungspolitischen Konflikten der Nachkriegszeit.* Frankfurt am Main: Campus 2012.

Teuber, Werner / Gertrud Seelhorst: „Die christliche Frohbotschaft ist die von Gott den Menschen aller Rassen geschenkte unveränderliche Wahrheit." Der deutsche Episkopat, der Bischof von Münster und die Juden. In: Joachim Kuropka (Hrsg.): *Clemens August Graf von Galen. Neue Forschungen zum Leben und Wirken des Bischofs von Münster.* Münster: Regensberg 1992, S. 221–244.

Thamer, Hans-Ulrich: *Die NSDAP. Von der Gründung bis zum Ende des Dritten Reiches.* München: Beck 2020.

Tritschler, Karl-Heinz: Joseph Beuys und die Rosenkreuzer. In: *Das Goetheanum. Wochenschrift für Anthroposophie*, 15.08.2008, S. 3–5.

Ullrich-Scheyda, Helga: Dr. Heinrich Schönzeler. In: *Rund um den Schwanenturm. Zeitschrift des Klevischen Vereins für Kultur und Geschichte e. V.* 40 (2016), S. 21–27.

Beschreibung von Schicksalen jüdischer Schüler in Kleve und ihrer Familien veröffentlicht im Rahmen einer Stolpersteinverlegung in Kleve. In: *Haus Mifgash Kleve*, 17.03.2019. https://mifgash.de/erinnern/stolpersteinverlegung-am-17-maerz-2019 (Zugriff am 26.10.2020).

Der Klever Bahnhof in nationalsozialistischer Zeit. In: *Rund um den Schwanenturm. Zeitschrift des Klevischen Vereins für Kultur und Geschichte e.* V. 43 (2020), S. 32–43.

Uns geht die Sonne nicht unter. Lieder der Hitler Jugend. o.O., o.J.

Verhofstadt, Dirk: *Pius XII. und die Vernichtung der Juden.* Aschaffenburg: Alibri 2013.

Volk und Reich der Deutschen. Geschichtsbuch für Oberschulen und Gymnasien. Klasse 7. Von der deutschen Ostsiedlung bis zu den Anfängen Bismarcks. Bearb. v. Oberschulrat Dr. Walter Hohmann, Magdeburg / Oberstudiendirektor Dr. Wilhelm Schiefer, Kleve. 2. Aufl. Frankfurt am Main: Salle 1943.

Voss, Jens: Beuys – ein ewiger Hitlerjunge? Interview mit dem Leiter des Kaiser Wilhelm Museums, Martin Hentschel. In: *Rheinische Post* (Krefeld), 01.09.2012.

Weber, Hildegard (Hrsg.): *aufgehoben – aufbewahrt. Bilder und Dokumente aus Deutschland 1933–1948.* Mit einem Vorwort von Alfred Grosser. Frankfurt am Main: Fischer 1995.

Werd, Guido de: Achilles Moortgat, Bildhauer und Maler. In: *Achilles Moortgat 1881–1957. Ein flämischer Bildhauer und Maler am Niederrhein.* Kleve: Boss 1981, S. 7–18.

Westhoff, Andrea: 50 Jahre Numerus Clausus. Die dauerhafte Notlösung. In: *Deutschlandfunk*, 27.03.2018. https://www.deutschlandfunk.de/50-jahre-numerus-clausus-die-dauerhafte-notloesung.871.de.html?dram:article_id=414004 (Zugriff am 23.03.2020).

Winters, Peter Jochen: Der Frankfurter Auschwitz-Prozess. Ein Rückblick 50 Jahre nach dem Urteil. In: *Aus Politik und Zeitgeschichte*, 16–17/2015. https://www.bpb.de/apuz/204287/der-frankfurter-auschwitz-prozess (Zugriff am 12.07.2021).

Wolfert, Raimund (Hrsg.): *„Alles nur Kunst?" Knut Hamsun zwischen Ästhetik und Politik.* Berlin: BWV 1999.

Wyss, Beat: Der ewige Hitlerjunge. In: *Monopol. Magazin für Kunst und Leben*, 10/2008, S. 78–83. Die *Monopol*-Ausgabe 11/2008 enthielt einige Reaktionen auf den Text von Beat Wyss. Zehn Jahre später, am 30.05.2018, wurde der Essay von Wyss von *Monopol* online gestellt: https://www.monopol-magazin.de/der-ewige-hitlerjunge (Zugriff am 21.08.2020). Er findet sich auch in Beat Wyss: *Nach den großen Erzählungen.* Frankfurt am Main: Suhrkamp 2009, S. 106–115.

Außerdem im Neofelis Verlag erschienen

Schiffbruch eines Propheten
Heidegger heute

– Ein Philosoph als Prophet der Nazis? –

von François Rastier
aus dem Französischen von Ulrich Hermann
ISBN: 978-3-95808-132-1
218 S., 25 €

Das Lager vorstellen
Die Architektur der nationalsozialistischen Vernichtungslager

– Räume des Massenmordes: Eine Architekturtypologie –

von Annika Wienert
ISBN: 978-3-95808-013-3 (3. Aufl.)
mit 26 Farb- u. 45 S/W-Abbildungen
302 S., 32 €

Leerstelle(n)?
Der deutsche Vernichtungskrieg 1941–1944 und die Vergegenwärtigungen des Geschehens nach 1989

– Kritische Blicke auf eine selektive Erinnerungskultur:
Der deutsche Vernichtungskrieg in der Sowjetunion (1941–1944) –

hrsg. von Alexandra Klei / Katrin Stoll
ISBN: 978-3-95808-227-4
mit 25 Farb- u. 20 S/W-Abbildungen
266 S., 25 €

Der Vermeer-Sensor

– Wertzuschreibung und Werterhaltung von Ding und Kunst
in Zeiten der Überfülle –

hrsg. von Rolf Bier
ISBN: 978-3-95808-047-8
mit 58 Farb- u. 36 S/W-Abbildungen
192 S., 16 €

Ästhetische Transformationen der Gesellschaft
Von Hiob zu Patti Smith

– Haben Kunstwerke die Kraft, die Welt zu verändern? –

von Wolfgang Johann
Relationen. Essays zur Gegenwart, Bd. 14
ISBN: 978-3-95808-257-1
118 S., 12 €

Leave, left, left
Migrationsphänomene in den Künsten
in aktueller und historischer Perspektive

– Künste der Migration und Migration der Künste –

hrsg. von Burcu Dogramaci / Berenika Szymanski-Düll / Wolfgang Rathert
ISBN: 978-3-95808-241-0
mit 28 Farb- u. 22 S/W-Abbildungen
260 S., 25 €

Bibliografische Information der Deutschen Nationalbibliothek
Die Deutsche Nationalbibliothek verzeichnet diese
Publikation in der Deutschen Nationalbibliografie;
detaillierte bibliografische Daten sind im Internet
über http://dnb.d-nb.de abrufbar.

www.neofelis-verlag.de

2. Auflage, 2021

Umschlaggestaltung: Marija Skara
Lektorat & Satz: Neofelis Verlag (mn / vf)
Druck: PRESSEL Digitaler Produktionsdruck, Remshalden
Gedruckt auf FSC-zertifiziertem Papier.
ISBN (Print): 978-3-95808-344-8
ISBN (PDF): 978-3-95808-395-0